大旗出版
BANNER PUBLISHING

大都會文化
METROPOLITAN CULTURE

大旗出版 BANNER PUBLISHING

大都會文化 METROPOLITAN CULTURE

大旗出版
BANNER PUBLISHING
大都會文化
METROPOLITAN CULTURE

大旗出版
BANNER PUBLISHING

大都會文化
METROPOLITAN CULTURE

工商企管系列003

美術工作者

設計生涯轉轉彎

推薦序

我想，不論因為任何因素成為SOHO族的人，都是勇於接受挑戰的人。因為，在自由、自主的表相下，必須承受孤單、憂慮工作來源的不確定性等種種困難。若是屬於創意型的專業，遇到靈感乾涸時，需要借助一些衝擊，這時候就會盼望友人參與腦力激盪；遇上週期性疲乏之時，則需要有人分擔體恤孤單的無力感；創作出得意作品時，更希望有人能分享愉悅。

SOHO族有苦有樂，不盡全然如理想中的藍天任你遨遊；擇定這條路前要先評估利弊得失，清楚它有光鮮亮麗，但也有不足為外人道的艱苦，除非你已累積了相當的知名度，否則，光憑勇氣是不夠的。更切忌只有三分鐘熱度，畢竟，不能純靠理想過活。建議你先靜下心檢視自己是否已具成為SOHO族的條件——

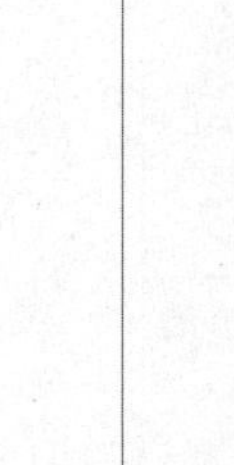

‧專業能力成熟了嗎？‧經濟能力與設備添足了嗎？‧業務拓展能力夠了嗎？會因挫敗使意志力潰不成軍嗎？‧除了音樂耐得住寂寞嗎？‧可以充分與人溝通嗎？‧圖書資源充裕嗎？

近年，個人工作室如雨後春筍般相繼成立，且不問每個人背後追求的目的，

但問，你準備好了嗎？本書採訪了各類型的美學工作者，細說他們的心路歷程，頗值得借鏡與反思。如果自忖萬事OK，歡迎您加入SOHO一族！

鴻圖視覺設計有限公司創意總監

柯鴻圖

自序

開始著手寫這一本書的時候，我已經經歷一年半的自由工作生涯。職場角色的變化，原不是我所預期的，我本來也是一個大公司裡朝九晚五的上班族。剛開始踏入這個工作領域時，社會上對這個族群的討論並不像現在這麼熱烈，資源也不這麼多。那時候，我還不知道台灣社會已經有人叫我們做「SOHO」族，所以呢，基本上我們對於自己是「上什麼班」一直很不容易說出口，尤其是對親朋好友之時，充其量只能說：「我自己接案子做」。

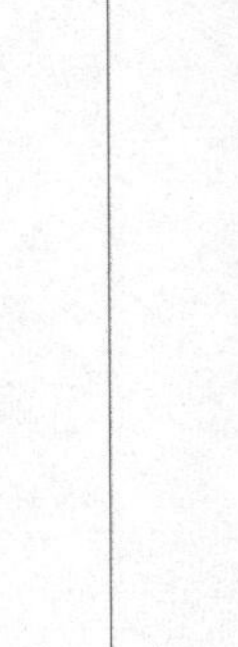

短短的一年，環境改變了！我們突然有個歸屬，越來越不會有人勸你，「還是找個長遠穩定工作吧！」誰說自由接案不是個長遠計劃呢？把自由接案當做事業來經營並不困難，只要大環境像現在一樣，越來越關心我們，越來越多人加入這個行業，大家互通聲息互相支援的機會越來越多，「自由人」的未來是很有可為的。

我很高興環境改變了，但也不能否認「自由人」的生活有甘也有苦。這本書的完成期間，是我感觸最深的時刻，因為我藉由採訪各界「自由的美術人士」的

機會，不斷地反芻這一段時間來，我的得與失、我的快樂飛翔與疲憊失望。這本書的內容，是我期待與大家分享的苦樂，不管您是不是想踏入自由業的領域，都可以從這本書中讀到一個「介於資淺與資深之間的社會人」，真實的心聲。

同時，也可以從我的眼裡，看見美術自由工作大環境中的一個小角落。

而且，是反映大人生世界的小角落。

目錄

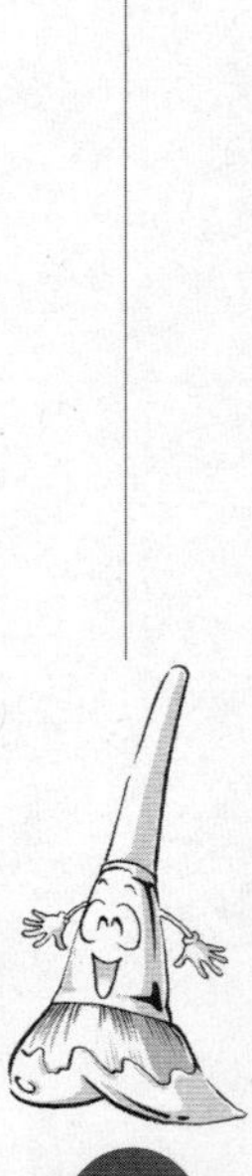

目錄

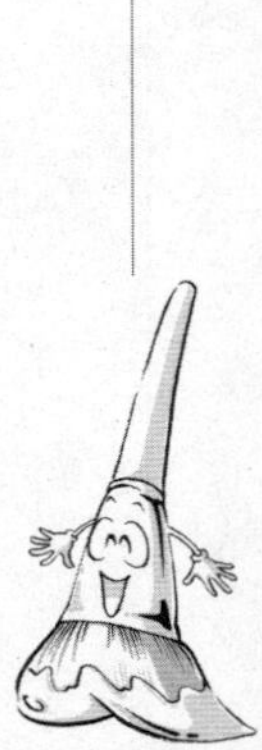

第一章

認識多樣繽紛的**美術設計**工作

如果你有機會接觸美術自由工作者，
你將會發現，雖然他們同屬美術工作，領域卻可能相差萬里。
要十八般武藝都精通十分困難，
要想挑出一個合適自己的行業，
得先觀察目前正流行的美術SOHO領域哦！

第一節　小平面大世界——平面設計

設計範圍無遠弗屆

舉凡你眼睛所能看到的，屬於平面的「化妝術」，都可以納入平面設計的範圍。書籍內頁、封面，海報、名片、產品型錄、邀請卡，信封、信紙，公司商標、標準字……等等，不勝枚舉的例子，甚至立體產品外觀平面的視覺設計也包含在內。

平面設計的工作範圍可以只有一張名片，也可能承包公司的形象設計，從公司名稱、商標、名片、公文格式、產品形象……都是設計的對象。也有以活動為單位的，好比畫展的海報、邀請卡、畫冊、活動廣告，或者新書推出時，與書本風格一致的宣傳海報、書腰、贈品、新書廣告等等。

平面設計中，大方向的規劃和小細節的處理，兩者一樣重要，不能偏廢，這是身為平面設計師的基本素養。

從美感到印刷都是專業所需

以一本書為例子，封面的設計十分重要，考慮的因素也很多，設計得不好有可能會影響銷售量。一般在設計時較容易被忽略的是內頁設計，設

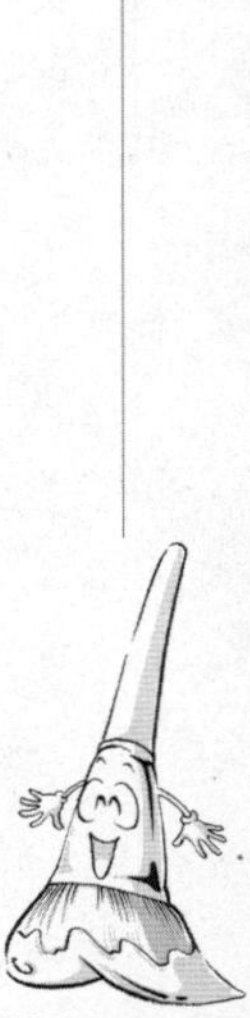

計內頁很重視圖文之間的比例，例如文字的大小、字型、顏色以及字和字、行和行之間的距離等，如果設計得好，不但能烘托書本的氣質，看起來也很舒服。

這些看起來沒什麼大不了的工作，確實需要受過專業訓練的人來完成，元素放的位置不同，感覺就完全不同。關於感覺，乃有視覺和色彩理論作為基礎，在學校和民間推廣班的美術教育都十分重視這部份的教學。

除了空間、色彩的安排，材質的選擇也很重要。設計人為呈現最好的質感，必須下工夫去研究各式各樣的紙張，以及油墨印刷上紙張的效果。

在台灣的平面設計者，於交出設計圖之後，通常要連帶負責後續的印刷品質。印刷的流程非常繁複，樣樣不能掉以輕心，否則一不小心就會造成瑕疵品，理想的狀況是設計師也懂得印刷原理和估價，事前規劃適合印刷需求的規格，以免造成無謂的浪費。當然，如可以和固定的印刷廠配合，保持良好關係，對於解決問題和爭取工作時效都有很大的幫助。

總之，在平面設計的領域，不只有美感和技巧的要求，了解上游客户和下游廠商組成的環境也很重要。

工作環境不斷創新

過去當一個美術SOHO，幾乎不需要什麼成本，只要把學生時代的工具盒、畫圖用具準備好，就可以開工。現在則不然，即使你不喜歡科技，願意比別人多花一倍時間用手工做色稿，可是客户不見得願意接受；再說，大多數的印刷廠不管喜歡或不喜歡，慢慢都已經電子化，整個環境就是這樣。向科技妥協吧！如果你沒有特定的創作堅持，電腦其實是不錯的工具。

對於不想永遠保持個人規模的平面設計工作室而言，此領域有很多可能的發展空間。專門幫唱片公司製作封面的，可能發展成小型宣傳公司；專門為出版社做技術美編的，有希望成為出版社系列叢書的特約美術工作室，甚至聯合文字工作者主動對出版社進行提案；專接公司商標及製作物的，也許會走向小型廣告公司或公關公司的規模；專門替建商設計賣屋廣告的，也有成為代銷公司的機會。

重要的是，必須隨時充實相關的知識，例如行銷和經營的專業，尤為重要。

平面設計師基本條件表

工作範圍

平面廣告設計、商標設計、企業系列印刷品設計、書籍設計、海報設計、外包裝設計、紙製禮品設計、唱片封套設計、年鑑設計

專長要求

擅長電腦文書處理、繪圖軟體、影像軟體、排版軟體

視覺經驗的訓練

基礎的行銷知識

基礎的手繪素描能力

熟悉印刷流程

個性特質

對色彩、造型敏感度高

組織能力強

細心謹慎

溝通能力佳

具創造力

第二節「成人玩具」大玩家——道具製作

「真得」讓人想吃一口！

美術道具是製作電視節目、拍攝廣告片時很重要的人物。如果沒了他們，螢幕上的美感一定失色許多。比方說，速食麵的廣告就絕不可能這般香噴誘人，讓人看了飢腸轆轆。

換句話說，美術道具負責螢幕上一切「美化」，甚至是「做假」的功夫，要把假的弄得跟真的一樣，甚至比真的還要「真」。廣告上油亮光華有彈性的「粿仔條」就是道具人員用矽膠加工製造，以假亂真，讓人忍不住想吃一口的「假粿仔條」。說穿了，電視上的效果，都是美術道具製作出來騙人的玩意兒囉！

過去的美術道具人員大多在電視公司的美術部門固定上班，有線頻道開放後，開始造成美術人員的流動；再加上現在的廣告活動頻繁，很多廣告商舉辦宣傳活動時，也需要美術道具人員支援現場活動的道具和氣氛，所以美術道具人員逐漸從電視台的系統分離出來，專業製作道具的小工作室也才漸漸多了起來。

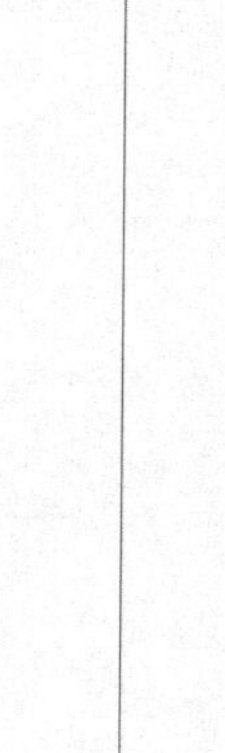

美術道具製作者不同一般的美術人員，最明顯的差別在於製作物不同。美術道具的成品十之八九都是立體造型，他們被賦與奇奇怪怪的任務，有時候是製作一個酷似藝人的漫畫臉譜，有時候是做一個造型奇特的大玩偶；有時是製造電視畫面上下雪的特效；有時是在兒童節目的紙偶世界裡製造水中倒影……

想以假亂真，先要精通十八般武藝

這是一個充滿挑戰的行業，因為所有企劃人員想出的怪點子，最後都會交到美術道具手中執行。由於挑戰性高，要想在這一行立足，除了一定的美術訓練，對造型結構和色彩也要格外要下工夫研究，另外還有五花八門的材料，如發泡塑膠、木頭、保力龍、矽膠、紙張、金屬……等領域，也必須有一定的認識。這裡所說的認識包括材質的特性和價錢。

因為經過層層剝削，道具的預算往往不高，這時候就是考驗道具人員材料智慧的時候了。是不是能懂得運用便宜的材料達到同樣、甚至更好的效果，則是能否賺錢的重要關鍵。

一般人對美術道具的印象往往停留在低頭耕耘，默默無聲的「自閉」

階段。那是因為外包道具是下游廠商，過去的業主在經過開會討論後，才會將定案的結果交到道具人員手中，所以商議的空間不大。但是現在有業主改變做法，開始讓美術道具人員參與早期的討論，經由討論，道具製作用專業協助企業使方案更完整，也降低道具在製作時候的困難。

為了進行有效溝通，美術道具人員必須很快進入情況，讓自己馬上變成企業內部的人員，更要忍受冗長的開會討論。所以，現在美術道具已經不像過去只要默默耕耘即可，除了真槍實彈的好功夫，好的溝通能力可以幫助說服業者做最有效益的考慮，以及為自己爭取福利。

多采多姿的道具世界

不少美術道具人員最後走上不同的路線，而且經營得有聲有色。對現場活動感與趣的，逐漸轉為公關公司或廣告公司辦活動時的特約道具工作室；喜歡可愛兒童玩偶的，專門為兒童節目製作佈景和道具；著迷於廣告特效的，專心為廣告片製造驚人的效果；對戲劇有興趣的，則投入劇場的設計。

雖然現在電腦可以解決很多製片

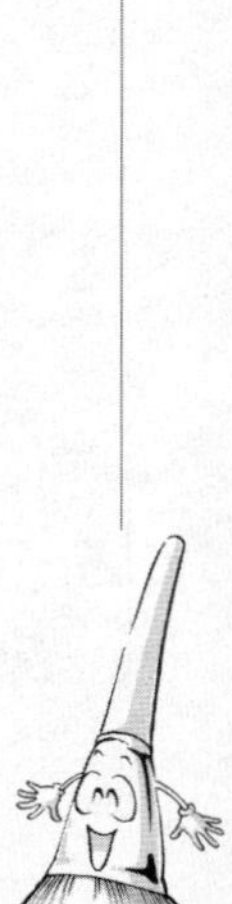

時的問題，不過在科技充斥的環境裡，手工的真實感和人性化卻越珍貴。所以，如果你對美術各方面的技巧有基本功夫，喜歡動手動腦，只要肯下苦功，美術道具製作其實是很有發展的小眾市場，值得一試！不過最重要的，要有吃苦的心理準備啦！因為這個行業實在是太辛苦了。

道具設計師基本條件表

工作範圍

廣告道具製作、電視節目佈景設計製作、節目道具製作
各型活動會場佈置及道具製作
舞台劇道具設計製作
節目或舞台劇人偶設計製作

專長要求

擅長立體翻模、雕塑、手繪、縫製等技巧
熟悉各項材質並懂得如何運用
對基礎的機械原理有概念

個性特質

對色彩、造型敏感度高
想像力豐富
腦筋靈活，善於解決問題
體力好、耐力佳

第三節　網路企業化妝師——網頁設計

網際網路順風車裡的一員

網頁設計就是俗稱的「烘焙雞設計」，是目前相當流行的美術自由工作類型。

目前存在網頁市場裡的，重疊了美術和資訊兩方領域人馬。一般有規模的網頁公司在製作網頁時，分工細微，有企劃、設計和程式，所以收費不低，往往一個案子需要上百萬。除了大企業外，一般中小型企業沒有這種預算，只有僱請小型工作室製作，工作室的案源大部分來自這裡，也有少部分是網頁公司轉包的部份分工。

小型工作室在製作網頁時，因為預算有限，就不如大公司分工清楚，往往從設計到程式一手包辦，少部分還兼企劃。如果沒有特殊功能要求，只要有足夠的硬體和軟體設備，大部分網頁個人工作室都可以應付雙重工作。

用技術和藝術建立專業

設計網頁需要的設備很簡單，只需要一台普通的個人電腦，以及幾個

必備的繪圖和程式軟體。繪圖軟體和印刷媒體所使用的軟體一樣，差別只在於印刷媒體需要的圖檔解析度越高越精緻，網頁則受限於傳輸速度，只能使用低解析度的圖檔。

程式方面，要熟悉網際網路的環境，和網頁撰寫程式。目前市面上很多針對網頁設計而開發的程式，易學易用，可以參考書本自學。

因為技術要求不高，以至於競爭十分激烈，導致目前網頁費用偏低。另外，這個領域裡，有很多資訊背景而非美術背景的人在經營，也是一個奇特的現象。雖不能妄下定論地認為資訊背景的朋友缺乏美感，但是一位網頁設計人員建議，不管是任何人想加入這一行，最好多充實基本美學常識，因為程式只是一種技術，技術會越來越容易，但是網頁最後呈現的視覺效果才是最重要的。

另一點和印刷媒體不同的是，網頁設計可能多了售後服務。服務項目有網站維修和內容更新，牽涉較多技術的層面。從印刷媒體轉戰網路媒體的朋友，很容易在初次接案時不清楚這些細節，沒有把價格估算進去，和客户發生糾紛。建議在接案前，儘量請教前輩，把細節一一釐清。

雖然網站設計首重視覺效果，但是對某些強調功能性的網站而言，技術又變成是最重要的了。比如銀行的網站牽涉數字和客户資料，所以資料庫的建置不能少。一般大企業比較不放心將案子包給小型工作室，是因為不相信工作室的技術專業。而這是不是意味網頁個人工作室與大企業絕緣呢？其實未必。再怎麼複雜的設計都是靠人完成的，只要願意慢慢耕耘，總有機會展現成績；再說，在低門檻的網頁設計領域，能夠建立屬於自己的專業，才可以成為一方之霸。

持續發燒的領域

據統計，台灣上網的人口已經破二四〇萬大關，並在持續增加當中，故網路相關行業必定還會持續發燒。儘管行業的跨入門檻不高，未來還是有很大的市場。

建議想入行的朋友，不妨嘗試先為自己設計一個網站，過過「站主」的癮，也好在娛樂當中了解網路媒體，感受網路遨遊的樂趣，幫助自己在往後設計網頁之時有更多靈感。同時也可從事其他網站的相關工作，像企劃虛擬商店、設計網路遊戲……等等；如果希望延伸網頁設計的概念，

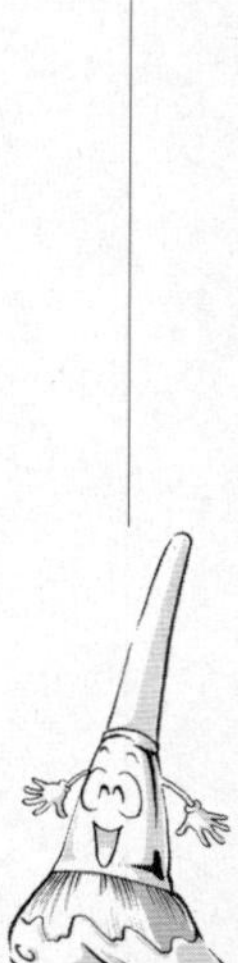

走精緻的路線，也可以從事光碟多媒體的介面設計，此領域目前也是一個急需美術人才的行業。

網頁設計師基本條件表

工作範圍

網頁設計
多媒體光碟介面設計

專長要求

擅長電腦繪圖軟體、影像軟體、排版軟體
視覺經驗的訓練
懂得網頁設計程式
熟悉網際網路環境

個性特質

對色彩、造型敏感度高
對網路新媒體感興趣
對流行事物感興趣
溝通能力佳

第四節 顛覆創意的玩童——漫畫家

透視本土漫畫市場

對於喜歡看漫畫、畫漫畫的朋友而言，漫畫家是一個令人嚮往的行業。不過，在台灣想從事漫畫家的工作比起其他美術工作，機會的確比較少。同樣地，大家對漫畫業界的生態也比較不熟悉，所以呢，雖然不少人想跨進這個門檻，卻苦於資訊缺缺。

目前台灣的漫畫市場依舊是日本漫畫的天下，專心經營漫畫市場的出版社本來就不多，何況絕大部分還是以代理日本漫畫為主，導致很多人以為成為漫畫家是一條「不可能」的路。但是細心的讀者如果注意近幾年資訊就會發現，台灣本土漫畫正慢慢發展出自己的一片天地。業者基於培養本土人才的立場，前前後後做了不少努力。

業者早期做法是尋找有潛力的漫畫家，簽訂一定時間的合約，在合約期限內，漫畫家必須專心作畫，只要有作品，不管品質是不是合於出版標準，業者都照單全收，保障漫畫家生活無虞，可以專心創作。唯一的條件是所有的作品版權都歸出版社，不得

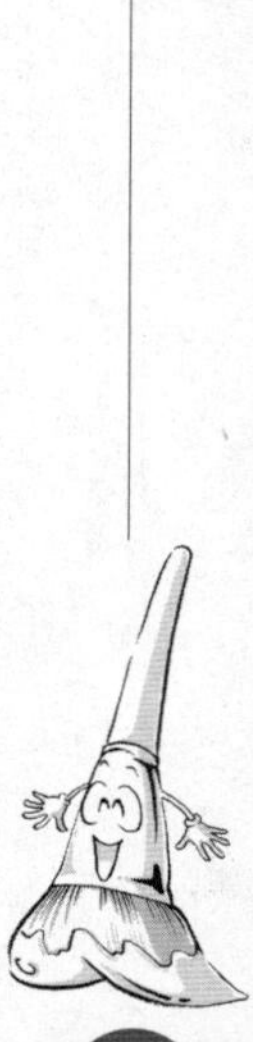

私下為別家作畫；有別的媒體想與漫畫家接觸，也必須透過出版社。

聽說這個制度因為漫畫家的不爭氣，往往簽了約卻老是交出些上不了檯面的作品，現在已經少為業界繼續使用。

讓自己成為被栽培的對象

這幾年流行的是漫畫新人獎，目前最受好評的東立新人獎，已經持續辦了七年，每年吸引海內外數百個漫畫新人角逐。如果能從有名氣的新人獎出頭，即表示成為漫畫業者當然培養的新人，有機會成為一線漫畫家。

不過新人獎的競爭激烈，要想拔得頭籌，必須平日做好存糧，免得臨時抱佛腳；所以最好先弄清楚新人獎的政策方向，作為題材的參考，以避免白費工夫。

當然，得了新人獎並不意味就此平步青雲。通常作品還要經過編輯群謹慎地，一次又一次審核、修改，直到作品經得起市場考驗，才會讓新人露面。

除了參加新人獎，平常也可以主動對出版社投稿。另外，可留意幾家大報休閒版的徵稿動作，這些都是不可錯失的好機會。

比起台灣，日本的創作環境比較成熟。日本漫畫出版業的做法，是每個題材由一群人負責收集、整理資料；諸如大家耳熟能詳「將太的壽司」、「惡女」等膾炙人口的作品，背後都有一群龐大的資料蒐集小組隨時支援，力求作品嚴謹。同時，這群人也負責控制出版流程、安排新書宣傳、漫畫家的包裝造勢……等等工作，在台灣難有這麼完整的工作團隊。不過業者也表示，目前很希望培養本土漫畫家，雖然暫時無法大筆投資，但是遇到好的作品，也會考慮全力支援。

畫而優，轉戰其他市場

很多人畫漫畫一段時日之後，轉戰電玩市場，也是一條很好的路線。現在電子媒體發達，電腦遊戲的市場看好，需要大量原畫人才，喜歡畫漫畫的人，可以試著從平面進入立體動畫的領域，體會在虛擬實境遨遊的快樂。另外，也有人在廣告界為廣告片劃分鏡腳本，稿酬不錯，喜歡廣告產業的朋友還可以據此吸收廣告方面的資訊。所以，窮漫畫家的時代已經過去，只要擁有實力，可以延伸的市場無限開闊。

不過畫漫畫是很辛苦的，成功的

漫畫家一定是經過長時間的磨練，建議有心的朋友，除了天份、技巧和濃厚的興趣之外，一定要多充實自己，訓練想像力及敏銳的觀察力。另外，要加強世界觀，讓自己的作品從台灣走出國際。

漫畫家基本條件表

工作範圍

漫畫周刊連載、漫畫單行本
報紙政治漫畫、幽默漫畫

專長要求

基礎的人物、建築物漫畫技巧
分鏡概念
基礎的編劇訓練

個性特質

對漫畫具有狂熱興趣
想像力奇佳
耐心夠、體力好
觀察力敏銳
溝通能力佳

第五節 在藝術與現實間遊走——插畫家

美術界的遊牧民族

工作自由，藝術氣息濃厚的插畫領域，也是自由工作者嚮往的天堂。

插畫之所以容易成為一種自由工作的型態，一半因為獨立性高，工作單純；另一半可能由於一般公司內部每個月需要的插畫量不多，不需要請一個專職的插畫家，插畫家也不喜歡固定替同一家公司作畫而陷入案臼，所以你所看見的插畫家通常是「遊牧民族」，很少固定在一家公司上班。

一般的插畫分為商業插畫、副刊插畫、兒童插畫，可說涇渭分明，性質型態都不相同。

插畫家賺錢的大本營

這裡所說的商業插畫是指報紙、雜誌廣告上，看起來很逼真的手繪產品或背景。有時也包括廣告片拍攝之前給客戶做最後定案的分鏡腳本，看起來有點像短篇漫畫。這類型的案件，業主很少直接找上插畫家，大部分都是與廣告公司甚至是其他小型工作室配合。

廣告界是一個封閉的環境，所以要接這類型的案子，通常先得在廣告公司或者與媒體相關的單位裡當上一陣子美術人員，一分面勤於表現，一方面可累積人脈；而一旦知名度打開，且服務品質佳，有幾個固定合作的客户，保證一年四季忙個不完！而且商業稿的報酬不低，雖然要求比較高，算算還是挺划算，可說是插畫家賺錢的大本營。只不過從事這一行有個委屈，即必須隱藏個人風格，忠商業目的，如果有人對「藝術」有執著，對這點千萬要有清楚認知。

粉墨登場的舞台

副刊插畫涵蓋報紙副刊和一般大眾雜誌的配圖，比起商業插圖，發揮空間稍大。這類型插畫稿的案源來自報紙雜誌的編輯，除了向知名的插畫家邀稿，各大編輯也鼓勵新人投稿。現今很多成名的插畫家，當初就靠不屈不撓的投稿經驗起家。投稿報紙雜誌有幾點要注意：首先平日要留意各家報紙各個版面的風格，如果人家喜歡的是寫實的風格，你老是投些簡單寫意的線條畫，那你的作品一再石沉大海也就不奇怪了。

一般來說，副刊插畫報酬比不上

商業插畫，不過發揮的空間大，可以保留自己的風格。一旦受錄用，成為常客，還有成名的機會，成名之後，稿酬可能也就不可同日而語了。

夢想的殿堂

比起前面二者，甚至其他的美術工作，兒童插畫則是一個充滿夢想的環境。因為在兒童讀物裡，插畫擁有與文字相等的獨立地位。而且，許多受市場肯定的兒童插畫家幾乎都有自己的風格，出版社在交付工作的同時，是代表對風格的肯定。

目前國內有不少園地可以提供兒童插畫發表：兒童報紙、童書出版、還有幼教光碟多媒體出版等，需要量都很大。筆者也常遇到業者打聽，是否有合適的兒童插畫家可以介紹。可見這領域十分需要新血加入。

要想加入自由插畫家的行列，除了勤快作畫，加強技巧和曝光率之外，保持一顆敏感的心非常重要。即使是以技巧取勝的商業插畫，也需要注入感情在裡頭，否則，作品缺乏生命力，自己不喜歡，別人亦不會有認同感，尤其是從事兒童插畫，更需要赤子之心。

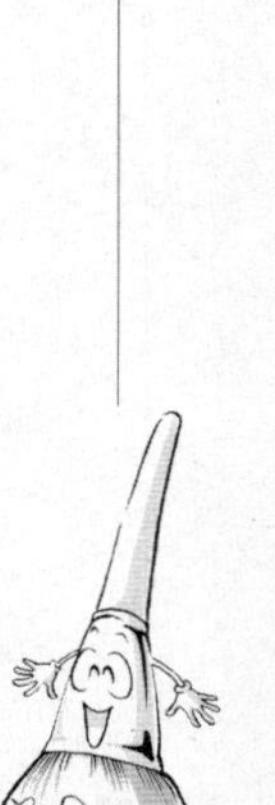

插畫家基本條件表

工作範圍

商業廣告插畫、報刊雜誌書籍插畫、兒童插畫

專長要求

擅長素描手繪技巧
視覺經驗的訓練
熟悉各種手繪材料運用

個性特質

對色彩、造型敏感度高
想像力豐富
觀察力敏銳
溝通能力佳
個性積極

第六節 虛擬世界的製造者——電腦動畫

設備費用降低，個人工作室開始成長

電腦動畫是近年十分流行的表現方式，它可以創造一個不存在的空間，或者把現實與虛構結合在一起。不管是因為新奇或者實際需要，很多業者都很喜歡電腦動畫的表現方式。

由於製作上的分工，傳播公司在製作動畫時，經常需要和動畫公司配合。近幾年由於電腦設備費用逐年降低，從事動畫製作不再是公司的專利，個人工作室有增加的趨勢，且成為傳播公司甚至是動畫公司的重要合作對象。

電腦動畫與媒體互相成就對方

目前各種電子媒體因為電腦動畫的技術越來越成熟而更加豐富，動畫的市場也因為需求量增加而活絡起來。動畫個人工作室的案源主要有三個，一是傳播公司。一般傳播公司不會設置專屬的動畫人員，遇有需要動畫表現的廣告片頭或特效畫面，就需要找動畫公司或者個人工作室。像這一波流行的神怪片，需要很多上天入

地騰雲駕霧的鏡頭，恐怕造福了不少動畫人員！

第二個來源是動畫公司，動畫公司會轉包案子有兩種情形，一是時間來不及，二是功力不夠，需要外面的高手幫忙解決問題。不管是哪種情形，顯然都是高難度挑戰，所以要接動畫公司的外稿，如果沒有足夠實力和心理準備，還是別輕易嘗試。不過一分錢一分貨，這種稿子報酬也不普通囉！一般來說，傳播公司在選擇動畫配合廠商時，會先評估案子的預算和品質要求。如果是廣告片，或者無線電視節目裡面的動畫，通常先考慮動畫公司；如果是第四台的節目，品質要求不高，則考慮發給個人工作室。所以，直接來自傳播公司的案源，雖然報酬不高，品質也不會太要求，有時候反而比較好打發。在衡量自我挑戰和生計考慮，應該兩者都兼顧比較妥當。

第三個來源是多媒體光碟製作公司。因為開發成本高，很多多媒體公司為了減輕人事負擔，並不在公司內部設置動畫人員，所以，常常有外發專案的機會。

準備與體力和新資訊賽跑

很多人以為從事電腦動畫需要很大的成本，其實動畫和平面兩者需要的硬體設備差不多，只不過動畫比平面多出個3D動畫軟體的成本。而且電腦科技改良的速度很快，對動畫製作人員來說，硬體的障礙越來越低了。

如果經濟允許，建議硬體設備越高檔越好，免得在製作時，浪費時間在等待上，或是電腦頻頻出狀況。個人工作室最大的煩惱就是資源比不上公司，萬一出狀況，沒有工程師可以幫忙解決，可能搞了一整天而無所獲。當然，為避免這種狀況，除了用高檔設備以防萬一，最好多問多看，對硬體下點功夫，就不會連換一條電線也要求助別人。

動畫製作一旦開動，時間一定很長，有時候為了試一個效果，可以花上幾個鐘頭甚至一兩天，可是客户的催促又在耳邊環繞……所以千萬別期望可以擁有正常的工作時間，和家人朋友最好取得共識，請他們體諒你經常地食言而肥！另外，除了基本的美術涵養，耐操、能吃苦是最重要的本錢，還得隨時跟著最新資訊跑，學習新的軟體、技巧，否則，我們保證，落後的速度一定很快。

如果一切心理準備都足夠了，

歡迎你加入電腦動畫自由工作者的行列！

電腦動畫師基本條件表：

工作範圍

廣告特效、電視節目特效製作

卡通影片動畫製作

專長要求

擅長繪圖軟體、影像軟體、動畫軟體

視覺經驗的訓練

原畫能力強

電腦軟硬體操作相關知識豐富

個性特質

對色彩、造型敏感度高

組織能力強

細心謹慎

熱愛新資訊

耐心、體力好

具創造力

進入美術SOHO之門 備忘錄

第二章

揭開美術SOHO族「自由」「工作」的面紗

你覺得美術自由工作者總是創意無限、光彩亮麗嗎？

其實，或許腦力、苦力、毅力、體力……，才是他們真正的心聲！酸、甜、苦、辣，只有過來人才曉得！

第一節 最佳狀況才能「鴻圖」大展

平面設計是美術SOHO中最大的族群，現階段創業的獨立設計師年齡也有越來越年輕的趨勢。年輕的設計師自有一番氣象，但依舊有設計師在經過二十年的磨練後才「下山」找人比劃，柯鴻圖就是這個練了二十年功夫的高人。

用新觀念突破紙品設計市場

「我從來不懂得生涯規劃，都是命運的安排，我只是盡力而為。」自嘲

姓名：柯鴻圖

自由職業：平面、包裝設計；公司形象設計。

自由資歷：一年

得意作品：草本佳人、1999國家設計月專案、民俗拾穗記事冊簿。

自由工作生活觀：放鬆心靈、解放自我、再創設計的第二春。

為「設計公務員」的鴻圖設計公司負責人柯鴻圖先生，開宗明義就做了這般解析。

柯先生自創工作室之前，在永豐餘關係企業竹本堂文化公司擔任總經理的職位。當年為了建立永豐餘企業形象而開發的公關紙品禮盒，沒料竟開拓了台灣套組產品與筆記書的市場，從此各種不同風格、細緻精美，介於書本與筆記本之間的筆記套書開始在市場百家爭鳴。

為什麼有紙品套組的構想呢？柯先生回憶，當時他希望突破設計公司受限於代工的困境，決定嘗試自行開發產品，事後證明，這個決定對企業形象有相當的助益，柯先生特有的細膩風格和紙張的特色緊密結合在一起，將傳統產業成功包裝成文化產業。可惜經過幾年的歲月，經營者的理念與他差距越來越遠，因為志趣不投，柯先生決定離開這個令許多設計人羨慕的位子，自創天地。

民國八十七年初，鴻圖設計公司就在這個背景下，誕生了。

真正的實力累積是看不見的

柯先生說，才創立不到一年的工作室，每天都有忙不完的工作，一點也沒有一般工作室草創時期業務不足的煩惱。對於這點，柯先生表示「長久的創意耕耘終未白費」，這不過是其中一小部分，如果沒有實力做後盾，客戶很快就會流失。

至於實力從哪裡來呢？柯先生說，他在竹本堂之前，曾經歷布花設計、平面設計、商業廣告、房地產廣告、包裝設計……等等階段，一直到竹本堂的籌備，每次工作都是一個新而完整的經驗。這些就好像墊腳的階梯，一步一步奠定他的技法、設計能力、企劃能力、市場概念、管理能力。他自己覺得最有趣的是，過去這些經驗的轉換，竟都不是他主動的選擇：「都是因為公司倒閉，逼得我重新找工作」。

不過，這些累積雖然當初看不見，卻是幫助他順利成為一個自由工作者最大的因素。舉一個實際的例子：他的包裝和筆記本封面設計，以及他特有的布花風格，就是當年做布花設計時打下的基礎。而今天能經營公司，該感謝當年在竹本堂的創設經驗。所以，成績絕非一夕可及，「整合之前的工作經驗」是重要的關鍵。

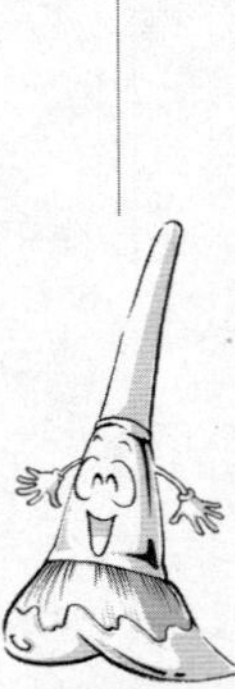

牛尾和雞頭的選擇

對很多人來說，在大企業擔任經理人，既穩定又有社會地位，未必比自己創業來得差。對於這點，「回歸設計人的角色」，柯先生認為是當SOHO最大的好處。

過去在大公司，柯先生扮演著雙重角色，一是總經理，一是創意總監。雖然自認都能盡責扮演，可是柯先生始終對行政工作興趣缺缺，只因角色扮演所限，他不能剝奪年輕人的機會。「可是我的年紀正成熟，正值設計的顛峰期」，想到此，柯先生不免有些遺憾。這個遺憾一直到有了屬於自己的公司後才獲得彌補。

不過，柯先生也要提醒有心投身美術自由工作行列的朋友，儘管以他經驗之豐富，背景之完整，自立門戶依舊會有些許障礙。

首先在「現金週轉」上，就不如大公司對外這麼靈活。小公司，尤其是剛成立不久的工作室，多半需要準備現金，否則，協力廠商可不願意冒險與你合作。所以，除了盡快開闢客源，盡早進帳，準備一筆足夠的週轉金是很重要的。而且，過去從事美術設計工作，只需要一雙手，和一些簡單的工具，即使暫時收不到款項，損失的也只是「工錢」。現在可不同了，以他目前公司的規劃來說，生財設備完全使用麥金塔系統，一人一機的條件，多一個人，就多了二十萬的設備支出，在財務不如大企業底子厚的事實裡，一切都得步步為營。

再者是「客源開發」也需要下一番功夫。很多人都以為「柯鴻圖」這三個字在設計界響叮噹，客户一定是源源不絕，其實，「在設計界名氣大，並不代表在企業界名氣響」。雖然過去的歷練已經立下口碑，許多客户也在他自立門户後，移轉請他繼續服務，可是總體而言，新公司要打出一個局面，還是比舊公司要辛苦點。

讓自己在最佳狀態下成為SOHO族

柯先生在財務、人脈、個性都已至穩定的中年，開始成為SOHO族，都不免遇上些困難，所以他認為，要自立門户者本身一定要有足夠的實力，以及周詳的準備，否則，經驗淺顯不但會陷自己於無助，而且會「影響設計的品質和合理收費的生態」。他建議有此打算的年輕人，不妨在大公司從設計助理開始，確實了解設計的經驗法則，學習如何運用自如，培養自己的眼光和風格，對工作上下游相

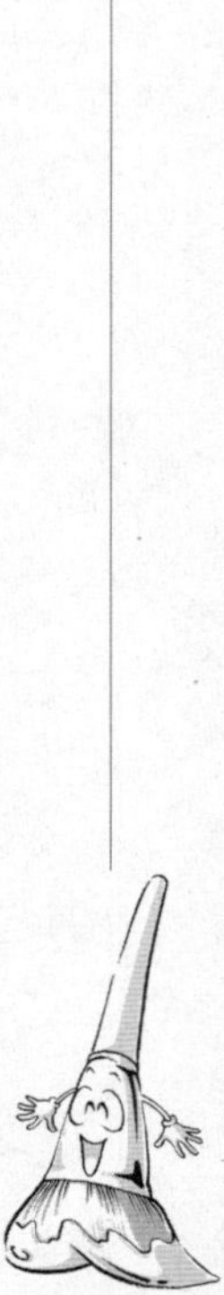

關細節的處理有了一定的成熟度之後，水到渠成，機會自然源源不絕。機會未到，也勉強不來。「讓自己在最佳狀態下成為一個SOHO族」。屆於中年，柯先生的想法十分穩健，也可以作為即將踏入這一行的所有夥伴一個重要參考。

進入美術SOHO之門 備忘錄

第二節 執著夢想，跨越門檻

許多年輕人懷抱著夢想，放棄原來的工作領域，進入美術設計這一行，只為了滿足心中對「美」的渴望。但對一個非科班出身的人來說，要進入「美術相關」行業，甚至有一番成就，是一條漫長的道路。

Sally就是一個典型的例子。

用經驗取代學歷

Sally在學校念的是機械，雖然很早就知道自己對色彩和造型有天生的敏感性，不過最後會選擇這一行，卻

姓名：Sally
自由職業：網頁設計，2D動畫
自由資歷：一年
作品：富士、柯尼卡公司網頁設計
自由工作生活觀：讓自己像一個皮球，可以承受壓力，也可以彈跳起來。

是因為兩項重要的催化劑。

在學校唸書的最後一年，她認識了當時還是男友的先生。先生學的是設計，他對設計工作的認真與展現的才華，感動了她，這是她第一次接觸系統性的設計教育，也為往後在職場上的抉擇埋下伏筆。

畢業那年，她先後在建設公司和磁磚公司上班，開始學習用電腦軟體繪圖。

當時的軟體還很陽春，是早期版本的AUTOCAD，但總算是她用電腦從事設計的啓蒙老師；不過要説最有趣的，還是磁磚的造型設計和配色，她經由嚐試不同配色，感受不同的色彩效果，並且樂在其中。這個經驗給了她勇氣，雖然她只是一般工科畢業的學生，不過要從事這方面的工作，好像也不是什麼難事，下定決心再加上先生的支持，就這樣把她推上這條路。

一個非科班畢業的女孩，在進入美術職場時會面對哪些障礙呢？Sally認為最大的困難，就是少了一張「執照」——美術科系畢業的畢業證書。當初為了要入行，她幾乎不放棄任何機會，經過努力，她終於在網頁設計公司爬到設計師的職位。所以她鼓勵和她相同背景志向的朋友，不要放棄任何一個機會。只要有了開始，慢慢地，你的工作經驗會取代學歷，一定有被承認的一天。但是在剛看到成績的這個時刻，她卻選擇放棄上班，回家當一個自由工作者。

給自己一個實現夢想的機會

Sally在台北上班一陣子後，因為家庭因素選擇回桃園。沒想到桃園相關工作非常少，簡直沒什麼可選擇；而且業者觀念和台北差距很大，經營者不相信專業，最可怕的是老闆的軍事化管理讓她每天都處於崩潰邊緣，受不了的她，很快就辭職了。

對於倉促辭職後，一般人最擔心的「生計問題」，Sally說，幸好她還有一些過去的人脈可幫她暫時以接案度日。沒想到，慢慢地從平面到動畫，觸角越來越廣。她發覺比起在公司上班的工作方式，自由接案的方式不但可以自己彈性調配工作時間，自主性也高多了，至於是不是因為「自由」而讓她選擇當一個SOHO呢？她說，「其實，我最主要的原因是希望給自己個機會闖一闖，希望能闖出一番屬於自己的天地，就算將來失敗……至少曾經試過，也甘願啦！」。趁先生的工

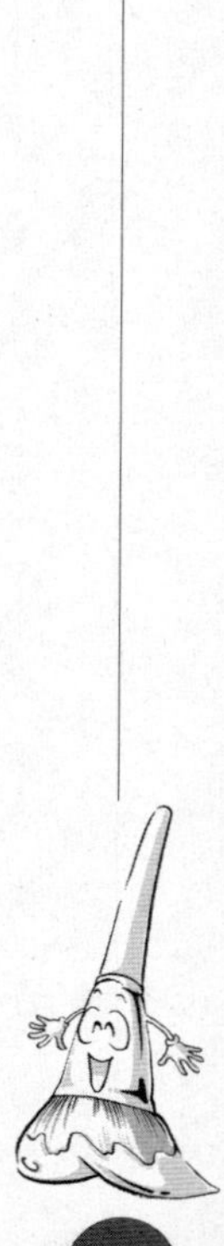

作收入還算穩定，她決定徹底投入這個行業，從業務到製作，慢慢了解整個生態。

雖然有實際的工作經驗，不過對一個非美術科班畢業的人來說，SOHO這條路真有那麼好走嗎？對於這點，Sally有萬般感慨。即使已經在這一行工作一段時間，可是缺乏基礎訓練，某些能力還是蠻欠缺的。很多事情必須仰賴先生，曾在多少個白天，卻只能一個人在偌大的房子裡發呆，眼睜睜看著時間流逝，等先生下班回來解決問題，可是在第二天面對客戶時，又因為自己沒有全程掌控成品，被質詢時往往詞窮。

變調的生活品質

想起種種挫折，Sally回憶，最可怕的是被殺價。每當辛辛苦苦完成工作，經過客戶認同，卻還受到殺價的待遇，她真想把成品雙手奉送給對方，也不願讓低廉的價格辱沒了自己。Sally認為，這是每一個SOHO族都會經歷的「痛」；「是自己太過生嫩才會被欺負」，可是「剛起步時當然是儘量表現謙卑，而且真的不知道行情。」

除了怕客戶殺價，SOHO的生活

還有許多想像不到的狀況發生。對這點，Sally覺得影響心情和生活最大的，就是趕著交貨的過程。為了趕著交貨，常常都把她們夫妻兩人搞得人仰馬翻，精神崩潰；因為除了完成作品，還得為了輸出成品四處奔波，萬一輸出公司機器出了問題，那真是想哭也沒眼淚了。好不容易抱著辛苦的成果如寶貝般交給客戶，卻從對方輕鬆的談笑中知道，其實明天才是真正的截稿日……不被信任的感覺油然而生，這時候不禁感慨，生活品質真的好差！

用壓力幫助自己成長

對於SOHO經常要面對的失落和壓力，Sally選擇用不斷的充實自己來克服。唯有如此，她才能在客戶面前更坦然、更有理。而且，她也儘量減少對先生的依賴，嘗試自己解決問題。原本自我充實是為了達到客戶要求，使工作更順利，後來才發現真正受惠的是自己，因為點點滴滴的實力都屬於自己，她相信現在的她，不管是能力或者獨立性，比起一年前都要強太多了。這是因為自由工作者的歷程中有很多遠超過上班族所要面對的狀況，逼得她強迫自己成長。

另外Sally也談到另一個有趣的經驗：有一次在客戶催稿的壓力下，她不顧三七二十一，新車子一開就上了高速公路，那是拿到駕照後，第一次一個人開上高速公路，緊張的感覺至今依舊難忘。

Sally認為，SOHO的經驗可以幫助一個人更認識自己。她發現比起男人，女人「柔軟」的特質是一個很大的優點，尤其在面對的老闆是男性的時候。她現在懂得在「柔中帶硬」、「放低姿態卻堅持原則」、「抬高自己卻也給對方台階下」；總之要皆大歡喜才是成功的溝通。

掂量好籌碼再上路

雖然是否為美術科班出身，並不是衡量可否進入這一行的唯一指標，但不可否認地，在同樣有高度興趣的前提下，「科班畢業」的確在先天上佔了優勢，不過也不乏像Sally這樣轉型還算成功的例子。但是我們不得不面對一個事實，就是Sally雖然自稱走得比一般人坎坷，不過已經算是比較幸運的了。除了天份和興趣之外，她有先生在旁協助她，這是很重要的資源；另外，目前她工作室的設備是從過去到現在，為了興趣而慢慢添購的，加上先生原有的機器，對小型工作室來說已十分充分，當她準備創業時，便馬上可以派上用場，而不需要冒險投入大筆資金，壓力在無形之間便減少很多。

由此可見，築夢的路雖令人著迷，但還是得考慮客觀環境能否配合。非本科系畢業而想轉行的朋友，除了評估市場需求之外，不妨多考慮自己的能力、財力，及周邊可利用的資源，再行決定。

進入美術SOHO之門 備忘錄

第三節 一條沒有捷徑的路

還記得愛之味花生牛奶廣告嗎？很多人對裡頭乳牛人性化的逼真演出印象深刻，搞不懂這牛到底是真的是假的？到底是誰在背後操作，讓它搖頭擺尾的？你可能不知道，這一切都是美術道具的傑作。

姓名：王明益
自由職業：美術道具製作
自由資歷：二十年
作品：愛之味花生牛奶中的道具乳牛
自由工作生活觀：心境的自由，比行動自由更重要。

從一顆玻璃纖維香皂開始

「資深道具超級玩家」王明益，是製作道具的老師傅，從復興美工畢業到現在，二十幾年的時間幾乎沒改變過。

一般人以為這必定經過紮實的產品設計訓練，事實上王明益表示，當年的美術教育並不像今天分科得這麼精密，是沒有專門訓練立體造型科系的，所有的美術科系幾乎都是以訓練平面繪畫的能力為主，他之所以走上這一行，第一個工作的影響很大。他的第一個工作在大世紀傳播公司擔任美工（據他說，當年大世紀的老闆即是今天年代公司董事長邱復生。）當時公司主要的業務是拍攝廣告片，他則負責製作拍攝過程所需要的道具。

記得他承接的第一個工作，為資生堂的廣告——製造一個完美無瑕的香皂，必須在水中呈現晶瑩剔透、光華無瑕的質感。問題是肥皂的材質本來就脆弱，要在生產過程中沒有一丁點碰撞的痕跡實在太難了；再說，一般肥皂遇水時免不了產生霧狀的薄膜，這時也成了拍攝時最大的缺點。於是王明益用玻璃纖維慢慢打磨，磨出了導演滿意的肥皂，也就是從這些小道具開始著手，慢慢認識各種不同的材質和立體塑形的技巧。

離職後，公司因為賞識他，決定用外包的方式與他合作，開始他自由工作的生涯。

當自己的老闆就要獨自面對挑戰

自由工作的生活，和上班有什麼不同？

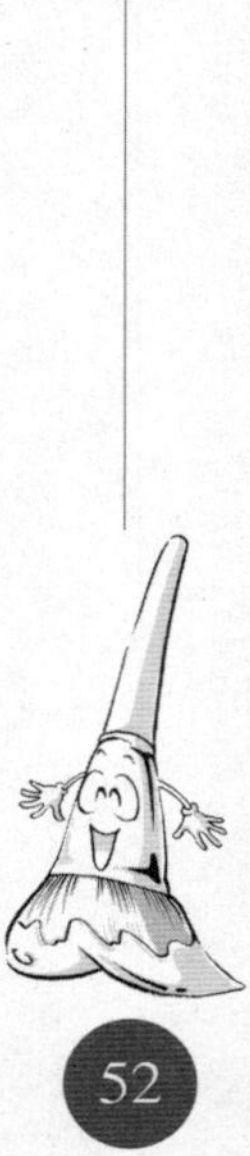

王明益表示，其實沒有什麼差別，除了上班有固定的薪水之外，基本上美術道具這一行，上不上班會碰上的困難幾乎是一樣的。一樣要熬夜、趕貨，一樣要動腦筋解決問題，所謂的問題千奇百怪，你所能想像的，無法想像的……已經超出原來對美術工作單純的熱愛。

他舉了幾個令人發噓的例子，說明了這份工作的挑戰的確不尋常。

SKⅡ有一則廣告用沙漠紋路來引發女人對皮膚失水的恐懼，裡頭逼真的沙漠質感就是王明益親手創造的。當初他是用化學粉末、鹽還有化學色素慢慢調配，失敗了好多次，才好不容易的有顏色均勻、紋理細緻的「假沙漠」。還有廣告中晶瑩剔透、QQ有彈性的「中興米」，原來拍攝中的每一粒米都有拇指頭大，而且還都是矽膠成品，這是因為真正的米粒太小，普通攝影機是不可能拍攝清楚的。為了逼真，還得訂製一雙十倍大的超級竹筷，用機械在旁邊控制夾米的動作。

但是，若一定要說上班和自由工作有什麼不同，那就是這個行業是專門處理導演所不能的事，但卻無法保證每一件導演要求的事，一定都有圓滿的解決，要是萬一開了天窗，在公司上班有老闆幫你扛，如果自己當老闆，當然就得自己扛了。

由於自己是「老闆兼撞鐘」，很多原本不屬於專業領域的問題，也必須想辦法自己克服。接案最怕的是碰到動物角色，因為你不能把動物當作演員，只得想辦法讓人造動物動起來。前文中曾經提到的愛之味乳牛，靠的就是「牛皮囊」裡精密的機械裝置，當牛在台前演出時，台後的許多人也在賣力拉扯形成劇本動作，求的就是真假難辨的效果。

對於這些專業與非專業的難題，難道都沒有失敗的案例？當然不是，重要的是怎樣從失敗中記取教訓。

「失敗經驗」也是日後成功的基礎

當年他在公司上班，公司裡有一位同事的先生對汽車很有研究，想發展手工打造汽車的市場，於是找他加入並負責汽車外型的設計。對此，兩人興致勃勃了一陣子，後來由於市場無法開展，也就無疾而終了。又有一次，另一個朋友開發氣墊船，也請他幫忙設計船型，當時為了試驗船的性能還差點兒喪了命。最後，依舊為了市場性太小也黯然收場了。

對於這些挫折，王明益只把這些

往事當成失敗的「出走經驗」。不過，所謂的「人生際遇」也是非常奇妙，也因為這加起來大約三、四年的汽車、汽船設計經驗，才奠定他日後的機械基礎，如此一來，當他再回到本行，他的道具就不僅有皮肉，更還有骨架。這也是為什麼王明益始終受各製片公司青睞的原因，這與設計的前輩——柯鴻圖先生的經驗有異曲同工之妙，一些平凡、不凡的經歷，或者不起眼的工作，不管是不是自願的抉擇，都可能一點一滴累積我們的實力，等待機會降臨時便能有所憑恃。

「想不出來也要想」——吃苦當作吃補

雖然說來有些誇張，卻不能掩蓋這一行的辛苦。王明益表示，最累的是廠商不能體諒製作過程需要的時間，幾乎每一次案子到手上，已經是十萬火急等著拍戲了，好不容易經過幾天熬夜，作品出爐，卻來不及拍照留念，就這麼熱騰騰地被搬到片廠去，以至於雖然作品無數，留下來的紀錄卻是少之又少。時間這麼趕，萬一想不出來怎麼辦？「想不出來也要想」已成了王明益的口頭禪。

既然這麼累，到底是什麼力量支持他持續下去？王明益說，圖的不外乎是每一次問題圓滿解決後，難以形容的成就感。

在廣告界，光環通常屬於明星或是創意人員，美術道具儘管製作得再精巧，也少有成名的機會；再說，廣告預算經過廣告公司、製片公司的層層管銷，能到道具師手上的已是少之又少。所以，除了能吃苦耐勞外，「甘於平淡」更是道具工作者必備的特質，因為名利都不屬於你。工作辛苦、時間長；要體力又要腦筋靈活，為了在微薄的預算下做出好東西，還必須花心思作試驗，用最便宜的材料試做出最棒的作品。王明益說：「這一行完全得靠自己摸索，在一次次的工作經驗中認識材質、認識結構、造型，甚至要靠錯誤來累積功夫，所以這條路是沒有捷徑的」。

聽起來這一行的SOHO族似乎特別辛苦？從另外一個角度來看，倒也未必如此。

入行門檻高，生存空間更廣

美術道具製作就因為靠的是真實功夫，所以如果能夠在業界打出名氣，那這一行的SOHO族卻也是最容易長久立足的；一家道具公司就算再大，其競爭力也比不過擁有一個真才

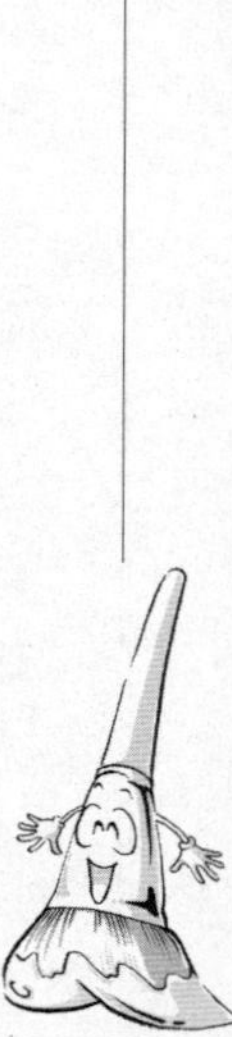

實料的「師傅級」人物，而因為創業門檻高，這一行的工作競爭很少，生存機會較其他行業多。不過王明益也建議，有心朝這方面發展的朋友不能心急，若能先在道具公司或者電視台的美術組上班，便能獲得最好的學習機會。工作就是最好的一種觀摩，多看多做自然就會開竅。這一個領域的SOHO族成功無法一蹴可幾，等到手上功夫受到肯定之後，機會自然來臨。

進入美術SOHO之門 備忘錄

第四節　認識自己，追求真正的自由

插畫家，聽起來是個浪漫的行業，和「畫家」就那麼一牆之隔。喜歡畫畫的朋友，可以把畫畫當飯吃，真像是生活在夢中。想認識插畫家的生活嗎？我們來看看一個既年輕又資深的插畫家──高賢志的實況素描。

姓名：高賢志
自由職業：插畫家
自由資歷：加起來共六年
得意作品：沒有
自由工作生活觀：讓自制力統治你的想像力吧！

「上班」是為了證明「不適合上班」

高賢志直率地表明他的畫沒有風格，因為他從事的是商業插畫工作。撇開自由創作的漫畫，他平常為各大廣告公司和報社畫的插畫和腳本，的確很難看到個人的影子。他可以隨時根據客戶的需求，提供不同風格的成品，通常也會令人滿意。他坦

承，從小他的模仿性就很強，能把卡通無敵鐵金剛等「人物」畫得「栩栩如生」，只要是想的到的東西，他都可以畫出來給你，跟點菜沒什麼兩樣。所以對他來說，吃這行飯是再簡單不過了。

就因為這樣，對很多人而言「靠興趣吃飯」是夢想中才行得通的事，對他來說，卻是自然會走上的路。

不過高賢志表示，他並不是一開始就加入SOHO族的行列。他在上班族的世界中兩進兩出，第二次的上班生涯只有半年，最大的收穫就是終於體悟到兩件事，第一件是他「真的」不適合上班；第二件是上班對他來說真的很痛苦。這體悟是發生在四年前，他離開目前紀錄中的最後一個「正式」職場——華懋廣告的時候，數數上班的日子，時間總共也不超過兩年半。

認識自己才能決定學習的方向

短暫的上班經驗，是否會造成學習的歷程過短呢？

若以學習的角度來看，高賢志提到：一般人認為的工作歷程，應該是在一家制度完整的公司，和團體一塊兒工作，經由前輩的提攜、指導，才是較穩當的學習路徑。事實上，他從自由工作經驗中發現，「不一定要上班才能達到學習的目的」，自己在接案子的時候，從種種細節的考慮，以至完稿交件的整個過程，就是難得的學習機會了。並且，因為接觸層面廣，學習的空間更加開闊。

或許有人擔心這樣的經驗太過零碎，不夠完整，高賢志說：「如果自己對需要的東西夠清楚，零碎的東西也可能被整合」，他認為這根本是對自己認識夠不夠的問題。學習是一條主動的路，如果清楚自己的需求，在遇到困難的時候，就會懂得如何尋求答案，也會懂得篩選平日零碎的經驗，整理出一條脈絡，這是自由工作者比上班族更容易得到的成長機會。

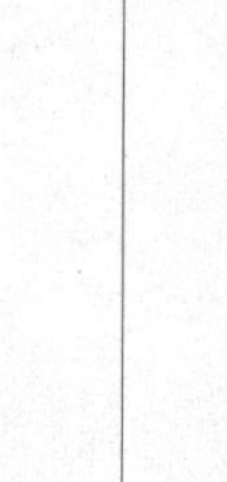

挑戰性比創作空間重要

他整合幾年來的經驗，發現一家公司若不是政策因素，通常都是不容易應付的稿子才會外發；案子不是「119特急稿」，就是被打回來好幾次不知該如何修改的「傲客稿」，但是客户並不因為知道這些稿子難搞就體諒你，對你降低要求，如果你不能幫他解決，他何必麻煩你？而SOHO族和上班族最大的差別在於：上班族可以偶爾偷閒，SOHO族卻必須保證每一件成品都是最高品質，只要偷懶一次，下一次客户就跟你説拜拜了！高賢志認為這些挑戰讓他隨時隨地保持活力。

對於一般創作者最怕的創意受限問題，高賢志卻認為，「受限是應該的」。廣告的腳本插畫，是廣告正式製作之前的最後一道流程，身為下游廠有義務遵循既定的策略，替客户把想法呈現出來，不必要把事情弄得太複雜，因為這是工作，不是作品。就因為是工作，他也可以接受修改，但是修改的過程，就必須好好發揮專業功力了！因為有些客户不一定能清楚表達所愛，這時候若是傻傻地隨客户起舞，當心大家一起繞圈子……，較妥當的做法是，幫客户從混亂的想法中找一條路出來，再行下筆，就可以減少許多無謂的修改。

至於多數新進SOHO族關心的客源問題，高賢志認為，SOHO族應該關心的不是有沒有客户，而是自己的能力是否能勝任客户的要求；是不是一個好的執行者；甚至是不是能替客户創造利潤和商機，「只要實力夠，工作機會很多」。

開闢另一個空間平衡自己

高賢志不諱言，剛開始打的算盤很簡單，只希望脫離上班族生活之後，能有更多的時間畫圖，這可以說是為了理想，而這理想剛好又可以支持生存，沒想到之後反而可以賺進更多的錢，是原先始料未及的。

不過，談到創作的風格時，他依舊要提醒大家：因為他的筆鋒隨時可以因為客户的需要而改變，不可避免地因此有了後遺症，原因在於自己的模仿力太強，加上工作上的需要，久了便找不回自己原來的樣子。所以對於堅持創作的朋友，還是需要三思而行，至少要找到調適的方法。

不過他又強調，在台灣的畫家要靠一種風格成名並不容易，成名之後又難避免必須維持同樣的風格，因為市場不容許你隨便改變，他相信那也是一種煩惱。問及他久未創作是否會感到不安？

他指著屋子裡的樂器，告訴我們他已經找到平衡自己的方法。

用自制力培養個人風格

圈內熟識高賢志的人，莫不羨慕他這種怡然自得又充滿個人風格的生活方式，然看似浪漫的背後卻潛藏有

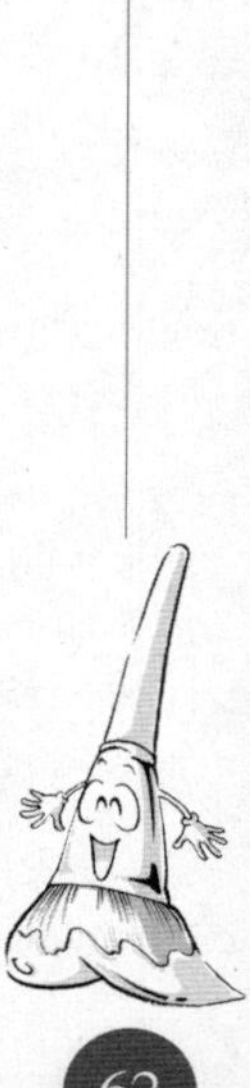

一些陷阱，畢竟插畫工作大部分是提供商業用途，即使為書刊或報紙畫也難以避免，所以這時候最好清楚地把顧客利益擺在前面，如果搞不清楚狀況而把工作與創作混為一談，恐怕就不能是怡然自得了！另一方面，如果你長時間專注在滿足客户需求而放棄注入新的元素，恐怕會落入疲倦的窠臼。更重要是，插畫工作的「單位」很零碎，不像所謂的企劃案有完整的「起承轉合」，可以在每一個案子當中得到明確的經驗，也不像上班族有明確的步調，有固定的同事和環境，如果沒有清楚的人生目標，生活將變成一個月十幾張插畫的組合，還沒感受到風格，先感受茫然了。

所以，高賢志對於想加入美術SOHO行列的朋友，有些小小建議。

事前先想一想，為什麼自己要當個SOHO？量一量，自己能做什麼？探一探，職場是否有這類需求？真正投入之後請記住，保命最重要，若不能養活自己則一切免談。發現自己能力不足要趕緊補強，更要懂得調配工作和生活的時間，追求真正的自由，金錢尤其不能模糊化處理，以免傷害人際關係。最後，「永遠保持一顆不安定的心」，保持年輕！

第五節 精益求精，實力走天下

大家一定很少聽說過漫畫家要上班的吧？沒錯，漫畫家正是標準的SOHO族，不用打卡上下班，高興什麼時候工作就什麼時候做。至於是不是真的自由沒壓力呢？我們可以聽聽一位新銳漫畫家的「真情告白」。

十年卡通加工生涯奠定基礎

黃聰毅從學校畢業之後，一直從事卡通、漫畫工作，算起來總共有十六年。據他描述，畫漫畫的人並不一

姓名：黃聰毅
自由職業：漫畫家
自由資歷：六年
得意作品：東立出版漫畫集——「我是大廚師」
自由工作生活觀：學習不在熬夜的時候思念上班的生活……

定都是在家工作，在成為東立出版社的特約漫畫家之前，他曾在黃木村工作室上了十年的班。

當時的主要工作是畫卡通。他坦承，上班的收入和生活的確比較穩定，不過缺乏挑戰，尤其每一件成品還都要經過老闆的同意，根本不可能有自己的風格，更別說是自我創作空間了，說得明白一些，就是沒有自己的作品，大家都是掛在工作室的名義下為老闆工作。十年下來，覺得疲憊也沒有成就感，剛巧有離開的同事鼓吹，當時的「東立」也正在鼓勵漫畫新人，提供的環境算是不錯，他就這樣開始專業漫畫家的生涯了。

自由是塑造個人風格的開始

到底上班好，還是自由工作好呢？黃聰毅表示，和出版社簽約成為特約漫畫家之後，和先前最大的差別在於：「時間，空間都比較自由，畫作也都是自己的創作，會有被別人欣賞的機會，主動和你聯繫；而且出版社也會安排新書發表會、簽名活動，對外接觸比以前多。」透過媒體比較有機會面對讀者。有一個很好的例子，就是兩年前中國時報休閒版透過東立出版社，找到他來策劃「洋蔥私房菜」的漫畫專欄。

除此之外的工作時間自由，和同業交流的機會增加，也都是隨之而來的好處。

不過享受好處是要付出代價的，因為工作的確比上班時辛苦太多。黃聰毅提醒大家，漫畫家經常為了趕稿而熬夜，糟糕的是未必能有結果，如果再有連著好幾夜的腸枯思竭、想不出好點子，又遇上截稿日期一天天逼近，常能使人萌生「就此遁去」的想法！這種煎熬，畫周刊的一周就要經歷一次，畫月刊呢，不能倖免地一個月也要一次的，所以在不知不覺裡，已經養成了日夜顛倒的工作習慣。雖然我們覺得奇怪，為什麼不白天工作呢？反正總要睡覺的嘛！黃聰毅苦笑，也說不出所以然，索性就把一切過錯推給「靈感」吧！

差點淪為漫畫加工廠？

至於工作量到底有多大，倒是令我們好奇？黃聰毅透露，如果是畫月刊，大概一次要生產二十五頁到三十頁，我們可以這樣計算：像是我們平常看的漫畫，一頁能有多少格，而每一格都要處理人物、畫面、分鏡、背景，之前還得跟編劇溝通，再把印刷

及休息時間扣掉，實際工作以十八天計算，一天幾乎要畫將近兩頁包括上色。這還只是月刊，若畫的是周刊，每次則要生產十二到二十頁，也就是每個月的工作量在四十八頁到八十頁。至於漫畫的酬勞，則是用「頁數」計算，稿酬數目因為涉及隱私所以不便打聽，不過倒可以稍微估算：一本漫畫周刊最少是一百八十頁，一頁稿費一千元是我們所能想像的最低標準，以保守的估算當期的漫畫稿費就要十八萬，還不包括編劇、人事、印刷……等費用，試問，老闆到底會花多少錢在漫畫稿費上？想來，漫畫家真的是蠻辛苦的，一不小心又淪為加工廠了。

有些漫畫和小說情節當中的插畫家，都有助理幫忙，對此，台灣的實際情形又如何呢？黃聰毅表示，他有一個編劇配合工作，所以在創作的過程還不算太辛苦，不過沒有像在日本的漫畫家那樣講究分工，通常都有一群專門上色和畫背景（即主要角色以外的人物）的人手幫忙，所以相形之下也算蠻累的了。其實要找助理也是有的，只是酬勞就必須與他分享，算來算去也就沒什麼差別了。

好的環境從人開始

問起台灣的創作環境，黃聰毅認為，一切問題還是在於實力。雖然台灣的漫畫出版社站在銷售觀點仍以代理日本漫畫為大宗，不過業者依然十分鼓勵新人創作，在簽約制度之下，業界同意花大把鈔票培植本土漫畫家，問題是真正爭氣的有多少人？黃聰毅回憶，「當時同一批與東立老闆簽約的漫畫家總共有一百多個，可是一百個漫畫家裡上得了檯面的不到一半，再經過一段時間，能持續努力創作的更如鳳毛麟角。」漫畫家最怕就是在簽約之後有了保障，反而不思精益求精，隨便交差了事，業者縱使有再多的熱情也會被澆熄。

不過，黃聰毅也強調，「日本漫畫界的責任編輯制十分落實，在台灣，完整的企編制度卻一直還未完全建立，漫畫家和編劇除了創作外，多半還得自己收集資料，倉促成軍下當然不容易有好的作品。」

不過我們相信，真要做得這麼完整，投資的金額絕不可能同於目前，而台灣的業者真的肯投資嗎？黃聰毅認為業者不一定不願意，問題還是在於有沒有好的作品讓業者有信心投資？除了缺乏好作品，黃聰毅也認為台灣缺乏好的

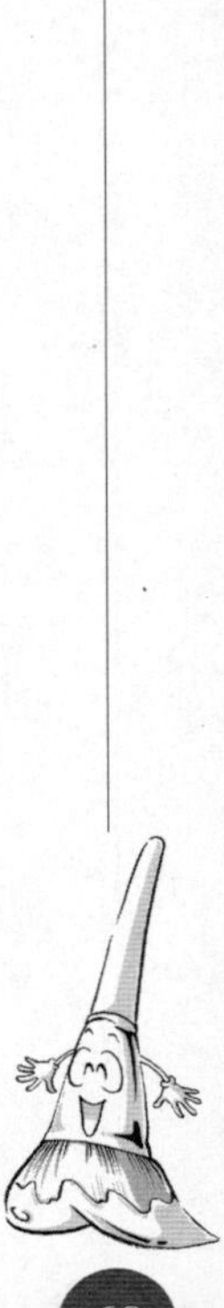

企劃人才，也許真正的人才都去做其他更容易賺錢的事了吧！

原來要評估創作環境好不好，還是得先反問自己有多少實力。所謂的環境，仍舊是這一群人所打造的嘛！所以，當黃聰毅被問及自己創作的收入是否比上班時好時，還是同一句話，「這都是實力的問題，沒有實力在哪個環境都一樣」；真是「吾道一以貫之」——實力最重要！

創作的路必須水到渠成

雖然限於種種條件，讓黃聰毅的創作之路有點辛苦，不過只要作品能集結出書，書在銷售市場上也能賣出一個成績之後，收到讀者來信鼓勵，就是最大的回饋。

想從事卡通漫畫的工作，先別急著要創業，可以像黃聰毅一樣，先到大公司磨練技巧、熟悉環境，在穩定的生活條件下給自己充分的學習機會。不過如黃聰毅所說，真正有興趣的人一定會希望有自己的作品和風格，所以選擇自由創作其實是很自然的事，等到時機成熟了，關於上班有利還是SOHO一族有利的問題，自然就會有最適切的答案。

進入美術SOHO之門

備忘錄

第二章

我**適合**美術自由工作嗎？

因為痛恨固定上下班，痛恨打卡，痛恨創意被束縛，對體制內的行政感到疲乏；或者單純地想要有更多收入，這些是很多美術工作者想跨出朝九晚五踏入自由生活的理由。然而從「美術自由工作」市場時有消長中可以判斷，並不是每個人都適合在其中生存。在付諸行動之前，不如趁機對自己的個性和思考模式也做一檢驗，看看自己適不適合進入市場，以及適合往哪一個領域發展。

記得電腦剛「入侵」美術這個領域的時候，筆者曾經到一家「影像處理、輸出」公司去找朋友，順便參觀。因為離下班還有一段時間，所以坐在朋友旁邊的位置等待。面對一屋子的電腦螢幕，不一會兒就感到眼睛酸痛，頻頻催著要離開。事後朋友嘲笑我，說我只波及到螢幕餘光就受不了，怎麼轉型用電腦做設計呢？接著繼續數落我：對機器一點都不敏感，又老堅持生活的品質，說不熬夜就不熬夜，這是不行的……

尤言在耳，一年後，因為工作轉換的緣故，我正式進入美術設計的「電腦一族」，從此眼睛成天盯著電腦也不發酸。

也許有人和我一樣，施點壓力就適應了，有人卻怎麼都沒辦法整天面對螢幕，或者至始都痛恨熬夜。然而不管是不是適應，每個領域都有特殊的環境，美術自由工作領域中的各行各業自然也不例外。如果提早認識自己是不是適合美術自由工作，或者到底適合其中哪一個行業，也許能幫助自己少碰點挫折，走得更順利。

為了更了解自己，我們可以從幾個角度來檢驗自己的工作觀、生活觀、對美的敏感度、溝通能力、專業

傾向、想像特質，思考自己究竟適合往哪一個領域發展。

現在就讓我們一起來進行一個類似心理測驗的簡單遊戲，每一個問題都有四種答案，答(1)得0分，答(2)得5分，答(3)得10分，答(4)得15分，然後參考之後的說明，說明中會告訴你，究竟適合往哪邊兒走喔！

■經常期待新的工作，挑戰性越高就越興奮

(1)很少如此　(2)偶爾如此　(3)經常如此　(4)總是如此

■喜歡到處發掘不同的有趣餐館，點新鮮的菜色

(1)很少如此　(2)偶爾如此　(3)經常如此　(4)總是如此

□看不順眼的東西，不管多便宜多好用都不會買。

(1)很少如此　(2)偶爾如此　(3)經常如此　(4)總是如此

●常常不自覺地塗鴉，而且常常被稱讚很有風格

(1)很少如此　(2)偶爾如此　(3)經常如此　(4)總是如此

● 常被朋友說是悶葫蘆，不知道心裡面在想什麼

(1)很少如此　(2)偶爾如此　(3)經常如此　(4)總是如此

◎ 著迷戲裡的劇情，且想像自己就是劇中人

(1)很少如此　(2)偶爾如此　(3)經常如此　(4)總是如此

■ 經常在沒有加班費的情況下，為了完成工作而加班

(1)很少如此　(2)偶爾如此　(3)經常如此　(4)總是如此

■ 喜歡到處蒐集新的休閒定點，不喜歡到固定的地方消磨假期。

(1)很少如此　(2)偶爾如此　(3)經常如此　(4)總是如此

□ 經常不自覺地注意他人的衣服配色，也常被朋友稱讚穿著有個性。

(1)很少如此　(2)偶爾如此　(3)經常如此　(4)總是如此

● 喜歡嘗試各種不同的繪畫工具，而且用起來不覺得麻煩

(1)很少如此　(2)偶爾如此　(3)經常如此　(4)總是如此

● 向朋友陳述自己的意見時，雖然花了很多時間卻達不到效果

(1)很少如此 (2)偶爾如此 (3)經常如此 (4)總是如此

◎ 朋友出遊，經常由你出點子決定

(1)很少如此 (2)偶爾如此 (3)經常如此 (4)總是如此

■ 工作上如果遇到難以解決的問題，會想辦法從各個管道尋求協助，直到問題解決為止

(1)很少如此 (2)偶爾如此 (3)經常如此 (4)總是如此

■ 經常改變回家路線，並且為了了解新路線不知不覺花了很長的時間。

(1)很少如此 (2)偶爾如此 (3)經常如此 (4)總是如此

□ 經常動手做小禮物送給朋友，朋友都很稱讚，因此而小有名氣。

(1)很少如此 (2)偶爾如此 (3)經常如此 (4)總是如此

● 看見朋友喜歡立體類模型玩具，而且越複雜越好，自己卻覺得興趣缺缺，且很難理解

(1)很少如此 (2)偶爾如此 (3)經常

如此　(4)總是如此

● 和同事共事時，經常因為表達不同意見而弄僵氣氛

(1)很少如此　(2)偶爾如此　(3)經常如此　(4)總是如此

◎ 喜歡腦筋急轉彎一類的謎題？

(1)很少如此　(2)偶爾如此　(3)經常如此　(4)總是如此

■ 喜歡開發新的工作方案，並想辦法說服主管嘗試。

(1)很少如此　(2)偶爾如此　(3)經常如此　(4)總是如此

■ 在假期中，雖然沒有上下班的束縛，依舊維持正常的生活秩序，而不陷入混亂

(1)很少如此　(2)偶爾如此　(3)經常如此　(4)總是如此

□ 經常會不自覺觀察市面上的商品設計嗎？

(1)很少如此　(2)偶爾如此　(3)經常如此　(4)總是如此

● 對電腦發生的任何問題，都沒有解決的意願，通常都是請求朋友幫忙解決。

(1)很少如此 (2)偶爾如此 (3)經常如此 (4)總是如此

● 常被朋友說成固執，自己卻覺得十分冤枉

(1)很少如此 (2)偶爾如此 (3)經常如此 (4)總是如此

◎ 經常被朋友嘲笑做事情天馬行空，不切實際

(1)很少如此 (2)偶爾如此 (3)經常如此 (4)總是如此

測驗中的方形標誌項目（■、■、□）代表從事美術自由工作的基本條件，圓形標誌（●、●、◎）代表從事美術工作不同行業需要的專業和特質。如果前三項分數都偏低，代表離美術自由工作族的腳步還很遠，無論後三項分數如何，工作及生活的觀念都需要再做調整。後三項簡單測驗個人專長和特質，給大家在選擇行業的時候做一個參考。

■工作觀

◆得分0～20分，你的工作觀傾向保守，熱情嫌不足，長官交代之事不一定能準時完成，即使完成以後，也會被動等待下一個命令。如果短時間內沒有意願改變工作觀，基本上並不適合成為美術自由工作者。

◆得分25～40分，你的工作觀中規中矩，必要之時，會為了完成責任而賣力；如果想成為美術自由工作者，可能需要重新調適自己的心態。

◆得分45～60分，你對工作有十足熱情，把工作當成自己的孩子一般呵護，相對地，也容易從工作中得到樂趣，如果其他項目平均得分中上，不要懷疑，你對工作的熱情，足以支持你從事美術自由工作。

■生活觀

◆得分0～20分，你習慣準時上下班的固定生活軌跡，且不喜歡讓工作干擾生活品質，不容易適應非「朝九晚五」的日子，不適合美術自由工作不定時的工作時間。

◆得分25～40分，你不一定喜歡固定生活軌跡，可是因為缺乏動力，並不知如何改變生活方式，如果有適當的機會帶領，有可能喜歡上美術自由工作多樣化的生活。

◆得分45～60分，你不喜歡一成不變的生活，喜歡自行安排生活，不時會在生活中發覺新的事，是從事美術自由工作十分有利的條件。

□美的敏感度

◆得分0～20分，你個性實際，且不容易注意生活中與色彩和造型有關的事物，對於自己動手做也興趣缺缺，表示對美術這一行缺乏敏感，最好不要勉強自己當一個美術自由工作者。

◆得分25～40分，你對生活中的美感和情趣有普通的敏感程度，如果能有適當的機會，可以開啓這方面的能力；建議多翻閱美術相關書籍，或者多參觀展覽，培養成為美術自由工作族的實力。

◆得分45分～60分，恭喜你，你是一個天生吃美術飯的人，只要你前兩項得分在中間以上，你可以毫不猶豫加入美術自由工作族的行列。

●溝通能力

◆得分0～20分，你不會陷入溝通障礙的僵局，很容易與他人達成共識，並且彼此滿意。從事美術自由工作中商業程度高的行業十分適合，例如平面設計、網頁設計、商業插畫。

◆得分25～40分，雖然不能時時達到滿意的結果，然而你與週遭人的互動情形還算良好，在美術領域中任一種行業都可以適應。

◆得分45分～60分，你不容易表達自己的想法，也不容易妥協，可能比較內向，從事獨立性高的行業可能較為適合，如插畫、漫畫、道具製作等。

●專業傾向

◆得分0～20分，你手繪能力不佳，但是電腦技能很行，平面設計、網頁設計等倚賴電腦能力甚深的行業適合你，至於電腦動畫、原畫和製作分開的制度，也很適合你，因為你會是一個很好的軟體操作師傅。

◆得分25～40分，你有的手繪功夫還好，電腦技能也平平，不管從事哪一個行業都是各打五十大板，差不到哪兒去。建議找一邊發展，成為專門功夫。

◆得分45～60分，你接近典型的電腦「棄嬰」，是被現代科技遺忘的一群。不過得意的手上功夫可以讓你在插畫、漫畫、道具製作這些行業如魚得水。

◎想像力

◆得分0～20分，天馬行空對你來說是痛苦的一件事，不過按部就班把事情處理妥當卻是你的優點，平面設計、網頁設計、電腦動畫等需求實際的行業很適合你。

◆得分25～40分，你有時候會出現不錯的點子，多數的想法和一般人相去不遠，除了平面設計、網頁設計、電腦動畫等行業外，插畫也是一個適合的行業。

◆得分45分～60分，你的想像例如天馬行空奔放，是插畫業、漫畫業、美術道具行業的最愛，若從事其他商業目的強烈的行業，你的客户會認為你難以規範，那麼這條路將十分痛苦。

進入美術SOHO之門

備忘錄

第四章

撐好每一把傘，再出發！

個人工作室雖然只是小型創業，不過一個人需要三餐和育樂，是不分上班族還是大公司老闆的。少了固定薪水，固定生活步調，很多事情要重新調整；創業的路途走來是艱辛又刺激，帶著幾把堅固的傘，可以讓自己少吃點虧。你，準備好了嗎？

第一節 打起專業的旗幟

捧好吃飯的傢伙

我們有時候聽人稱讚，這麼做很專業；也看過人家皺眉頭，抱怨對方一點都沒有專業精神。顯然，是否「專業」，是業界彼此打分數一個很重要的標準。專業，是指身處在一個行業裡，該有的技能都有，對相關知識、工作流程很清楚，甚至可以很快指出問題的關鍵所在。明白地說，「專業」，就是自己的吃飯傢伙。

美術自由工作需要靠哪些本事吃飯呢？這一行的專業技能可分兩種，一種是馬上可以分成「會」和「不會」兩國的「技能」，比方各種繪圖、影像軟體技能。由於多數外人以此評斷「專業」，所以這個技能不能沒有；當然如果堅持手繪插畫或漫畫自成一格，那就另當別論了。軟體種類很多，往往令新手眼花撩亂，然而把市面上的美術應用軟體歸類，也不過幾個領域：繪圖軟體、影像處理軟體、排版軟體、3D動畫軟體、網頁設計軟體等。

每一個領域都有經典的軟體大師，此處限於篇幅，只能移到附錄列

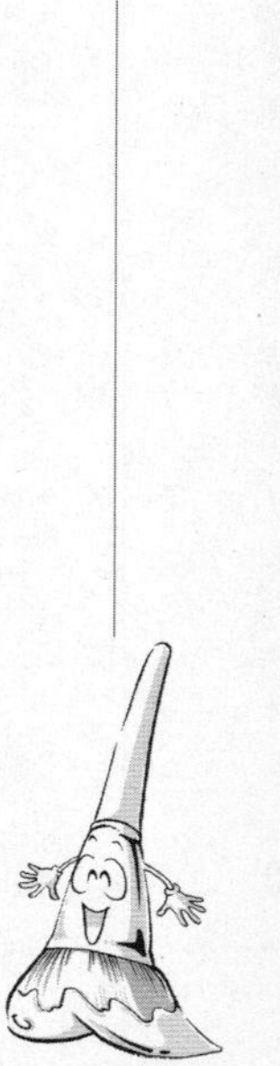

表介紹。各位不需貪多，只要學會這三五種經典大師，應該足以應付一般性的工作。而且，一定要會，如果「不會」使用電腦，在電腦化的環境裡立刻會被將軍。

看不見的專業更重要

相對於這種「看得見」的專業，另外一種「看不見」的專業就是美學素養。美學素養讓作品呈現出完整、精緻的風貌，也區別了「匠」和「師」的不同。有人以為「美感」是主觀的，其實長久下來已經歸納出一些客觀準則。受過美學訓練的人，比一般人懂得如何適當安排空間、色彩，懂得如何創造一個有感情或者有張力的畫面，懂得如何讓成品達到該有的目的地。這一部份的專業比起電腦技能更為重要，因為它更需要長時間的累積，而且是和客户溝通的重要基礎。只是，沒有受過專業訓練的外人不容易客觀評估這項專業，有時連自我也難以下判斷，故不得不用經過科學方法分析的「視覺經驗」、「色彩學」等學問來幫助自己歸納準則。剛起步的朋友，不如到書店買幾本類似的書來參考，打打基礎。

配合專業技能，不免要學幾樣專

業術語，和同行溝通時非常有用，虛榮的人也可以用來唬唬外行人。

用專業的眼光衡量自己的專業程度

如果經過檢視，這兩項技能專業都已經OK，大抵可以開始考慮採購設備，與客戶聯繫……不過，不妨還是問一下自己，自己是否有足夠的耐性，懂得察言觀色？會不會過於軟弱而喪失立場？再問問自己是否有足夠的企圖心，以持續求知？又是否夠靈活，能很快把客戶提供的資料組織起來，找出客戶需求？這些問題看似不重要，但無形中對自己的專業形象卻有莫大的助益。

第二節 儲備創業的火力

用實際的心情完成浪漫的夢想

成立美術工作室本是一件浪漫的想法，只可惜其實際落實的過程卻一點也不浪漫，尤其一定會牽涉到金錢。

過去成立美術工作室，比現在容易多了，只要有一雙手、一張桌子及學生時代使用的工具盒就可以開工，高級美術紙等耗材算是最大的開銷。

現在可不一樣，美術工作者和一般小型創業相同，沒有十幾萬甚至數十萬的資金開不了工，尤其是使用電腦「生財」的平面設計、電腦動畫及網頁設計；甚至有些製作道具的朋友，也開始利用電腦繪製道具模型草圖，或是製作電視場景。

「柴、米、油、鹽、醬、醋、茶」，工作室開張，樣樣需要錢。

開門七件事，柴米油鹽醬醋茶！

第一個無法忽略的是機器設備。這裡不考慮麥金塔系統，只談一般的個人品牌電腦。首先我們需要一組足夠運作各種軟體的電腦，為了有起碼的工作效率，勢必比一般人如上網路及文書處理軟體等要花上更多的錢，至少需要七萬元之譜。再加上印表機和掃瞄器，以及其他週邊設備（詳細配備挑選，留待之後詳談），總金額已經超過十萬元。

還有紙張、油墨耗材等，剛開始時必須多準備一些，以防萬一。再者因為長期坐在電腦桌前工作，關係到健康，不能拿小學用到現在的書桌來開自己玩笑，所以需要一張專業電腦桌。加起來，應該有十二、三萬了吧！如果你是從事電腦動畫，一定知道要用兩顆「心臟」——也就是兩顆中央處理器來工作，另外還需要一個螢幕檢視成果，所以需要多花兩萬到三萬，總共最少是十五萬元。

除了硬體設備，還有軟體要購置，基於尊重智慧財產權，我們鼓勵大家使用正版軟體，在這方面，至少必須花上八萬元才能開工。

如果是在家設置個人工作室，這樣也勉強可以開業了。

萬一不是，那麼你是否要成立公司？成立公司有一個好處，將來可以用發票報稅，增加和大公司往來的機會。如果委託會計師處理公司登記，效率很快，但也需要手續費，又是一筆開銷。在外租工作室的租押金，以十五坪的空間計算，第一個月的租金

加上三個月的押金，至少要六萬，還不包括裝潢費用。到目前為止，已經快三十萬了。

如果與人合資，則可以平均分攤創業基金，減少負擔，然不可避免會有理念相異的後遺症。如果個人平日有添購設備的習慣，也可以酌量減少開銷。

盡十二分力闖天下，留兩分資產保元氣

十幾二十萬雖不是一筆很大的數目，但是對於領微薄薪水的美術人員來說，依舊需要一段時間準備，最好確定積蓄用在創業上，不會導致個人或家人生活發生困難，再付諸行動。

若真的缺乏資金，青輔會設置的青年創業貸款是很好的借貸管道，不但利息低，且創業前兩年只需償還利息。不過申請創業基金需要詳細的計劃書，從開始申請到審核通過，核發款項，最少需歷時半年。就算有此計劃，也必須提早半年至一年作業。

當然，借貸雖然可以擁有較為充足的創業基金，相對也必須用自己的信用作賭注。如果創業基金是自己額外的積蓄，萬一創業不成，頂多蝕了老本和時間，若是到處借貸，未來的

日子必須花心思還債，恐怕影響工作的規劃。

進入美術SOHO之門 備忘錄

第三節 別讓週轉不靈向你招手

存糧不足，心酸誰人知

不少人在創業之初，預估「需要多少錢」，往往只算到開業為止，房子租好了，機器設備買好了，甚至連耗材都準備好了。於是開始計算每個月應該有多少營收，多久可以回本……直到半年過去了，發現自己每個月入不敷出，才驚覺，怎麼要花的錢這麼多？不開業則已，一開業就賠錢？

是的，很明顯這是忽略了週轉金的預估。

為什麼會需要週轉金呢？因為在創業之初，我們可能花兩個月完成一個案子，又花一個月的時間完成請款，萬一對方給的不是現金，則又要再等上一陣子，很明顯我們必定有一段沒有收入的日子，這段日子從三個月到半年不等。除了沒有收入，還會發生很多支出，包括自己和家人的生活費。當然，失業的時候也需要週轉金負擔生活費，否則生活將發生困難。但是創業時缺乏週轉金，絕對比「生活發生困難」要嚴重得多。不但生活的困頓會磨平鬥志，也會因為付不出水電費而影響營業；電話被斷了，檔案傳不出去；沒有錢買耗材成品無法輸出；領了支票，沒辦法週轉，所以付不出貨款，因而失去廠商的信賴；電腦壞了，沒錢修理；都已經登記為公司了，可是繳不出稅金和會計師費；付不起自己和家人的勞健保費用……一個原本有生產力的工作室，極可能因為缺乏週轉金而面臨結束。

一堆想也想不到的支出名目

千萬別以為把所有的錢都買了機器，付了房租，從此褲袋一勒就沒事；也別以為光準備好幾個月的伙食費就不會餓死。

人要花錢，工作室也會花錢。以登記公司型態的工作室為例，每個月的會計師費用依收費標準不同，約六千到七千之間，發票稅根據實際營業收入而有所不同，個人的健勞保費用共三千多元，若加上家人的保費就不只這個數字了。耗材方面，印表機的黑白、彩色墨水、紙張、傳真紙……一個月平均至少要一千元，若是道具模型的耗材，那就更貴了。另外，水電費加上每個月的通訊費、交通費，六千元算是基本開銷。到此為止，不含房租，一個小公司一個月至少需要一萬六、七千的支出；如果只是工作

室，扣去會計師費用和稅金，也要一萬元左右。

我們還可以想想，一個人一個月要多少的伙食費？多少的交際費？多少買書看電影的錢？再省吃儉用的人，恐怕也難低於一萬元關卡。

所以，除非是住在家裡面，不需負擔房租與伙食費，否則，要維持自己及工作室均能運作，一個月兩萬元的開銷是最低限度。有家眷的人萬一實在沒有充足的週轉金，除了如上節所述，可以向青輔會申請創業基金之外，也可以向週遭親友告貸，只要信用良好，努力肯拼，一般親友基於鼓勵年輕人創業，都會伸出援手，記得千萬有借有還，珍惜自己的羽毛！

第四節 恰到好處的生財設備

用一台陽春電腦開工的方法

從第一章開始，我們談了很多關於電腦技能有多必要，設備有多重要的觀念，然而，到底什麼樣的設備才算夠呢？

其實嚴格說來，只要有一台陽春型的「奔騰」級電腦，足夠的硬碟和記憶體，就可以開始用排版軟體編排簡單的書本、傳單，甚至不需要印表機和數據機，也不需要傳真機，你可以在完成之後，搭公車到輸出中心輸出黑白稿，然後搭公車送給客戶。如果不趕時間，甚至可以利用自家附近的郵局請郵差幫你送。

這是真的，至少在四、五年前，很多人是這麼做的。只是當時還沒有奔騰級電腦，很多人用的是麥金塔電腦，但──它們很貴。

添購設備是為了與時間賽跑

時至今日，凡事講求效率，若為了省一點錢而疲於奔命，會嚴重影響工作心情的。再說，讓客戶發覺你沒有傳真設備，也是滿遜的事。對美術自由工作者來說，應該在滿足自己工

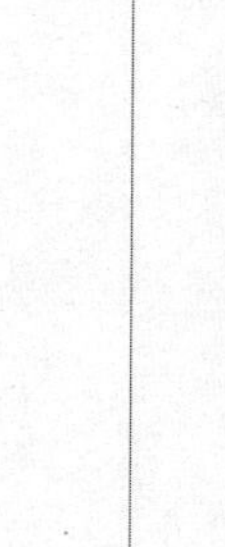

作需求和聯絡方便的考慮下添購必要的軟體、硬體「生產」設備和「通訊」設備。

硬體設備包括電腦主機、輸入設備、輸出設備和螢幕。關於主機，很多人依舊在麥金塔電腦和一般個人電腦之間徘徊。麥金塔電腦的確有迷人的魅力，比方說人性化的介面，使用簡單，速度很快……等種種優點，但是這些優點因為個人電腦改良速度加快，慢慢不重要了，即使視窗系統用起來依然比不上麥金塔的作業系統順手，但兩者的價格差異之大，會讓你願意稍花一點時間去克服這一點點的不習慣。我們不得不屈服一個現實，那就是購買同級電腦，麥金塔電腦最少要比個人電腦多一倍的價格。

主機的等級，完全視工作需求而決定。如果你只要做版面編排，則暫時不要投資到影像處理等級；如果你只要做平面設計，也不要浪費錢買兩個中央處理器。

輸出設備當中，第一個不可或缺的是可重複讀寫光碟機（MO），它藉由一片體積小的可重複讀寫光碟片，與其他電腦交換資料，功能和軟碟磁片相同，只不過容量比較大，少了它，你只能抱著硬碟到輸出中心輸出你寶貴的成果。印表機是印出草稿的重要角色，非買不可；另外，還要添一部掃瞄器，隨時可以輸入圖片。掃瞄機和印表機由於等級不同，價格差異也很大。如果只是用來製作草稿，就不需要購買太高的等級。

除此之外，電話、網路、傳真等通訊設備都不可少，基本上通訊設備的價格相差不大，可以儘量用好一點的配備。

談完硬體設備，接下來談軟體的添購。如果從事平面設計，初期影像處理、繪圖軟體、排版軟體三者各選一樣功能最強，用起來最順手的，也就行了；若從事動畫設計，則需再準備3D動畫軟體。這些軟體很貴，一次買太多負擔太大，可以慢慢添購；至於使用盜版軟體，是不道德的，使用者付費是基本的道理，更何況我們是使用軟體賺錢呢！

和金錢玩追逐遊戲？

買設備的速度永遠追不上機器升級的速度。雖然必要的生財設備絕不能少，然而千萬記得「錢花在刀口上」，「需要」到哪裡，買到哪裡，除了「對機器狂熱」的「特殊癖好」和「炫」之外，找不到任何一個理由可以

浪費錢去買不實用的東西。添購設備是為了和時間賽跑，別讓自己迷失在不斷升級的機器設備裡，落入和錢玩追逐賽的陷阱。

進入美術SOHO之門 備忘錄

第五節 提早認識自由生活的真相

不自由的飛鳥

曾經讀過一篇文章，大意是說，當我們羨慕天空的飛鳥有一雙翅膀可以自由自在地飛翔時，說不定，牠們正羨慕我們有一雙可以隨時歇息的腳。鳥兒在天空若找不到能夠棲息的地方，再累也不能停下。我們看牠們像在天空悠遊翱翔，其實翅膀早就累壞了。

自由工作在某方面來說，處境和天空的飛鳥有點像。很多人原以為可以享受時空自由，沒想到可能面對其他方面的不自由。如果能夠事前了解生活會產生哪些變化，預先有心理準備，也許對減緩壓力能有所幫助。

失去屏障的日子

首先必須面對的，就是收入變得不穩定。可能有好幾個月都沒有收入，也可能突然間進帳十幾萬，對於習慣用固定收入安排支出的上班族，這將是一個衝擊。這時即使有週轉金應急，難免有捉襟見肘之感，如果再想到兩個月後案子就結束了，下一餐不知道在哪裡？焦急不安也就油然而

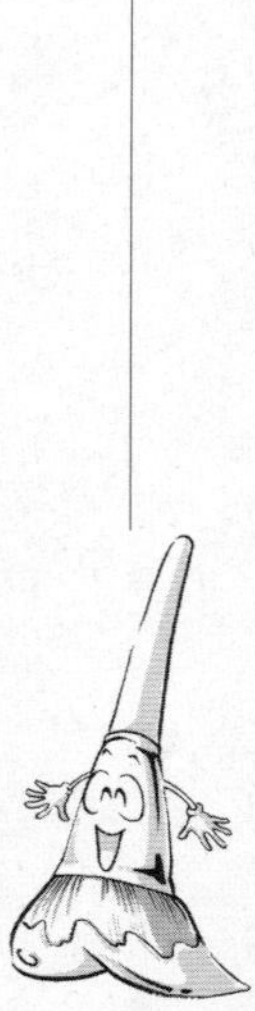

生。很多自由工作者往往膠著在這種不安之中，殊不知這是自由工作生活的常態，而非突發狀況。重點在於是否能夠接受，把危機當成生活的一部份，隨時想辦法突破。

另外，有些人能忍受喪失有形的物質條件，卻難忍受社交場合中，少了過去在大集團上班時使用的名片，年紀越大越嚴重，這是社會化的宿命，少有人能躲過。在大公司上班，不但名片遞出來鏗鏘有聲，廠商也對你屈膝哈腰，價錢好談、付款日好談，走到哪裡都有風。離開之後，才發現這一切都是空，沒了這些，你和普通人一模一樣，沒什麼了不起。這時候才發現，不但喪失所有優勢，連社會地位都沒了，面對親友詢問你的工作，竟然是如此難開口。當然，這心情確實有些不堪，但何必為此擔憂？「社會地位」的迷思早晚要被戳破，身為自由工作者的我們，不過是提早了解這件事實，而且更有本錢去面對罷了！

很多人以為自由工作者可以「自由自在」地工作，結果等踏進來才發現，就連選擇工作都是不自由的。過去上班，可以因為工作超出時數而對主管抱怨，甚至技巧地推掉不喜歡的工作；也可能因為喜歡某個大案子，不計一切地爭取和付出。可是自己當了老闆，在一切還沒上軌道之前，為了生存，喜不喜歡都得做；上了軌道之後，為了人情，喜不喜歡都得做。很難為了特別的案子放棄其他機會，因為時間就是金錢，不得不斤斤計較。對天性喜愛「創造」的美術工作族，這些都是最大的不自由。所幸這些不自由，會隨著收入穩定增加慢慢消失。

賺錢，也賺生活經驗

美術自由工作的路上，有很多波折打擊，雖然每個創業者都希望自己成功，可惜的是，因為主客觀的因素，不一定能達成心願。所幸美術創業的成本不高，就算是最後必須「結束營業」，也不會有太大損失，不如能抱著體驗不同生活的心態，說不定可以認識另一個全新的自己——除了賺錢，也賺進生活經驗。

第六節 創造屬於你的城堡

別讓工作淹沒你和家人

有很多理由可以證明美術自由工作的工作環境規劃十分重要。

記得筆者大一那年，學校規定新生一律住宿。宿舍是一棟將近三十年歷史的老建築，不到六坪大的空間擠了六個同科系的室友，我們的美術工具和耗材一不小心就會互相侵犯，甚至有人在起床後把美術器材搬到床上，晚上睡覺時再把工具搬下床。另外，作業時間也嚴重相互干擾。第二年，不消商量，全體室友都搬出宿舍，租房子去了！

顯然，由於美術工作不定時的工作時間，和林林總總的耗材、器具，極容易干擾其他人，更需要一個完全獨立的空間。

舒適和效率最重要

這個空間如果是在外租的工作室，比較容易從零開始規劃。規劃的原則應該尊重自己的習慣和需求。有些人的工作室雖然狹小，卻精心整理出工作間、會客室、和儲藏室。有人習慣和客戶在外面談事情，所以把所有空間留給自己，也許會客室就變成了畫室。無論怎麼規劃，最重要是能創造工作效率。

它並不需要像雜誌的樣品屋一樣漂亮，甚至在別人眼裡，它又亂又糟，不過只要主人可以沉醉在其中享受工作的樂趣，也可以很快找出半年前的存檔，那麼就是一個有效率的空間。至於個人風格，很多時候是長時間不知不覺累積的氣氛，不一定要刻意營造。

不過隨著時間流逝，空間裡的東西勢必越來越多，也許是設備工具；也許是完成一半的作品；也許是陳年檔案；也許是紀念品，相對地，工作空間也會越顯狹小。曾經參考一些美術工作室，有些人善用牆壁、天花板開拓另一個空間。或者想辦法劃分成工作區、休息區、雜物區，如此就可以繼續亂中有序。

用心呵護你的城堡

如果工作區域是在家中，難免會影響私生活。如果家裡能有多出來的房間最好，但不是每個家庭都這麼幸運，這時候不免要從現有的地方挪出一個空間。有幾個方法可以試試看，如果臥室夠大，可以隔出一個區域作

為工作室，或者利用客廳的角落、餐廳的角落，甚至樓梯間；書架、活動櫃都可作為隔間的工具。在家工作的優點是可以和家人共用休息區域，缺點是佔據居家空間，獨立性也會大打折扣。

不過，無論空間限制多麼大，儘量和家人的生活區域區隔開來是很重要的一件事。家人之間過於親密有時會造成壓力，尤其在工作的時候隨時有家人在背後走來走去，不時還停下來關心工作情況，心情會大受影響。最好是互相有獨立空間，進了工作區域，就等於上班去了，不接受任意打攪。某方面這個地方可以是一個禁地，一個孤島。

工作區域就像自由工作者的第二個窩，是完全屬於個人的私密空間，不僅影響工作，也影響著個人情感，建議大家精心規劃，從中得到樂趣。

第七節　家人的擔心，甜蜜的負荷

認同對方才能有效溝通

有時候，決定成為自由工作者，最感衝擊的並不是自己，而是家人。家人有太多理由可以擔心。

對父母來說，了解美術工作是有一點困難的，別說把工作辭了自由接案，他們不了解為什麼好好工作不做，固定薪水不領？他們擔心子女是否能養活自己？他們疑惑子女為什麼老是不肯穩定？對配偶而言，直接感受到的是經濟可能發生困難，對未來的不確定；同時他們也擔心自己的配偶是否只是一時興致？是否不切實際？是否經得起創業的艱辛？

往往我們對家人的擔心感到不快，覺得不被信任，可是我們必須承認他們的情緒和擔心都是正常的反應，如果今天主客易位，我們也會和他們有相同的心理。如果要取得家人的諒解，只有認同對方情緒才能有效地溝通。

列出實際的行動計劃

針對家人的疑慮，我們有義務說明美術工作的工作環境，現在是不是

景氣？你的工作內容是什麼？同領域的別人在做些什麼？哪些人可能成為你的客户？自由工作和上班有什麼異同？為什麼你會選擇自由工作？知無不言，言無不盡，可能的話，最好詳列計劃表，上面清楚列出短程、中程、長程目標，以及期間內預備如何去達成。給家人一個遠景，儘量說服他們你有能力達到，如果目前已經有進行中的案子或是開始接觸的客户，更要提出來增加說服力。

如果家人初步能夠認同，再表示歉意，因為將有一陣子時間無法正常負擔經濟責任，請大家共體時艱，縮減開銷。

很可能一次不會成功，這時候除了保持冷靜持續溝通，告訴家人你一定會努力把對家庭的干擾降到最低，同時要用實際行動證明你的誠意和決心。最好在正式成為自由工作者之前，可以嘗試性地接下小規模的外稿，讓家人看到你負責任、認真的一面，看到客户對你的信任，這將使家人的疑慮再降低。

除了經濟責任，生活上的細節也需要家人配合，諸如生活空間重新調整，作息改變，陪伴家人時間減少或者增加，甚至你的情緒也可能受影響；還有一點很重要的是，即使你是在家工作，也需要絕對獨立的空間，可能要請家人諒解這一點，諒解為什麼你不能隨時接受打擾。

告訴家人，你永遠愛他們

由於東方人不善向家人表達感情，往往忽略家人對自己的影響之深，也忽略家人支持的力量之大。同樣地，我們選擇自由工作，勢必對家人造成困擾，如果沒有好好處理，「家人的困擾」就會彈射回來困擾我們，曾經有個小朋友說過：「我最大的煩惱，就是媽媽對我太煩惱」，就是這個意思吧！趁著溝通的機會，你可以表達對家人的需要，以及無論如何你都愛著他們。

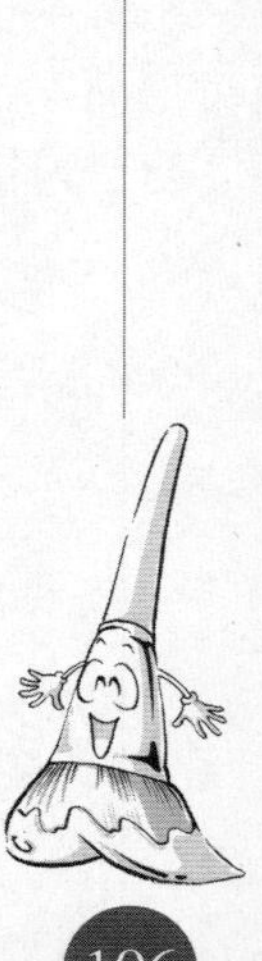

第八節 享受健康的自由工作生涯

無所不在的老大哥

曾有一個知名企業的負責人表示：「有些外包人員真是難找，早上十一點打電話去，媽媽說還在睡；晚上十一點打去，媽媽說已經睡了。」令許多自由工作者會心一笑。坦白說，很多人最怕的就是少了外在約束而生活鬆散。

不少人為了追求自由而加入自由工作行列，恐怕難以接受「生活要自律」的觀念；其實「生活自律」四個字說明的並不是一成不變，而是自己有能力約束自己的生活步調。說起來容易，事實上，自由工作者在缺乏有形外在約束之下，容易輕易地原諒自己：早上沒心情、下午太熱、晚上朋友邀約……等等理由都可能是工作怠惰的原因。坦白說，不少自由工作者因為無法成功約束自己，最後終於走上結束一途；而且終於發現，脫離上班的日子，客户才是真正的老闆，老闆無所不在！

在正式開始自由工作之前，我們可能要先了解自己的作息習慣和工作息息相關之處。

別成為「自由」的奴隸

第一個脫不了關係的，是和客户的聯繫。雖然我們可以自由調配工作時間，可是一般客户上班的時間卻是固定的，所以「自由」也會受限。如果我們要和客户維持正常的聯絡，最好是在白天保持清醒。這麼做的好處很多，除了贏得客户的信任，也因為在白天完成所有聯繫的工作，獲得夜晚心理的平靜，那麼晚上的時間不管工作或者休息都可以心安理得。

第二個脫不了關係的，是對健康的影響。對於少部分工作性質，除了交件之外，不需要和客户有太多互動的朋友而言，似乎就不用太講究生活作息。其實不然，維持正常作息本身有很大的好處。為了健康的理由，我們最好稍微強迫自己做到充足睡眠、定時飲食、適量運動。當我們最後感覺到這麼做帶來的好處時，自然而然就會持續下去了。

另外，自由工作最後常常導致公私不分，弄得好像一天二十四小時，一年三百六十五天都在工作，而有時又好像一整天都沒做什麼。因為我們常常讓工作侵犯該休息的時間，又在該工作的時候偷懶。想要自由，反而更不自由。為避免這種「悲劇」發

生，最好盡早養成規律的作息，鞭策自己在時間內完成工作。

享受自由真滋味

其實，比起上班族，自由工作者能夠節省塞車時間、省下在公司發呆打屁的時間，確實擁有更多的時間，如果好好規劃，則可以提前享受健康的生活。生活習慣靠日積月累的養成，如果你有心加入自由工作行列，然而現在還在上班，而且常常為熬夜加班所苦，建議從現在開始調整自己的生活作息，用從容的心情迎接自由的日子來臨，享受真的自由的滋味。

進入美術SOHO之門

備忘錄

第五章

新生兒的第一個呼吸

回憶剛跨出校門，寄出第一張履歷表，參加第一次面試的生澀經驗，在歷經幾年的社會洗禮之後，是不是覺得當初的自己「拙」得有點兒可愛？連開口談薪水都顯得那麼難以啓齒…現在即將要踏入「自由工作者行列」的您，恐怕已經練就一身在職場上談笑風生的本領，值得恭喜；但是，即將開啓在面前的，可又是另一個陌生的戰場，新的生態領域；如何跨出這第一步，就如新生兒的第一個呼吸般，重要無比！

第一節 從容不迫跨出第一步！

看見一些資深的美術自由工作者，一臉老神在在的樣子，真叫我們這些新人感到「自卑」；看看他們的作品，除了憑添些市場洗練過的風霜，其實並無驚人之處；再回頭看看自己，專業並不比人家差，為什麼一出現在公眾場合就彷佛臉上寫著「我是新人」，恨不得到處彎腰鞠躬請大家多多指教，一談起價錢即支支吾吾，是的是的，機會最重要……直到發現自己白做了一陣子義工，不禁大嘆什麼時候才能急起直追，往前輩的談笑風生、四兩撥千金邁進?!

是的，彷佛畢業那年初入職場時的戰戰兢兢，美術自由工作領域是另一個戰場，它有獨特的職場倫理和運作方式，如果帶著上班時那一套，肯定跌得鼻青臉腫。切記，從現在開始，你就是自己的老闆，必須為自己的生計負責，帶著你的矛和盾，做好攻防準備，從容不迫地上戰場去吧！

胸有成竹地介紹自己

切忌支支吾吾，要不卑不亢；練習在一分鐘內讓對方知道你的來意，

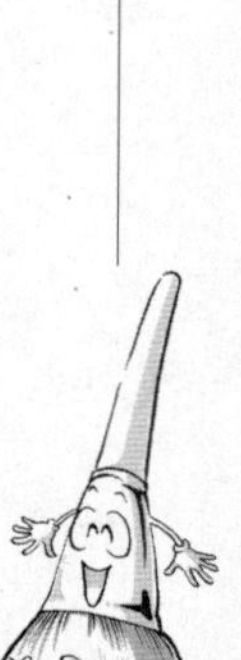

你的背景，你曾經有過哪些作品，以及你是符合對方要求的。

面對鏡子試試看：「您好，我××，聽說貴公司新的旅遊叢書正在找特約美編；我過去在××出版社編過好幾套旅遊書籍……是××以及××兩套，都是我編的……是的，目前我是兼職，不知道有沒有機會談一談？……」

或者：「您好，我看見貴公司的產品了，我十分喜歡，不知道有沒有合作的機會……是，我目前是自由工作……」

切忌卑躬屈膝

不要把辦公室的人際關係完全帶到這裡。辦公室裡面對主管要謙卑，在外面對客户時卻要保持一定程度的氣勢，隨時提醒自己，現在你和客户是對等關係，有任何疑問，不需要拐彎抹角地體察上意，不妨直接開口：「我想知道您對這個計劃的期望是……」「我一定會準時交件……不過我希望貴公司在……方面，能夠提供支援和配合……」

卑躬屈膝無異於告訴對方用不著尊重自己，彷彿只要有工作機會即可，所有相關權益都可免了。

第二節 開價的藝術

不要貿然開價

如果事前沒有充分溝通，不要貿然報一個根本不會被接受，或是明擺就是虧損的價錢。留給自己一個機會思考，降低錯誤報價的機率；你可以這麼說：「關於報價，就是接下來我要進行的部分，我會好好考慮您剛剛所說的方案，並且擬一份完整的企劃書告訴您我會怎麼做，包括我們雙方都會認為合理的收費。我一定會盡快，也許明天就會回覆您，然後我們再敲定簽約的細節，好嗎？」

想辦法讓對方一定要說「好」。

然後，趕快抱著你的資料，回去向前輩請教收費如何計算。

收費怎麼計算？

記得有兩種錢要收。一種是你必須付給廠商的成本，像是輸出、印刷、材料的費用；不管你想不想從轉手中牟利，至少要按照成本原價報給客戶，否則你會血本無歸；由於我們必須負擔成本的風險，通常在給客戶的估價單中，會把廠商的報價再加上10%。

另外一種是「創作費用」，可以以時間來計算。想一想看，執行一個專案需要做哪些事情：收集資料、與朋友討論、草圖、實際執行、和客户溝通、可能遇到的修改……盡可能把所有的工作都列出來，假定一天工作八小時，這些工作要花你多少工作天？然後把工作天乘上一天的「工作費率」，大抵是這個案子的收費。

計算一天的「工作費率」時，須考慮一些因素：如水電費、租金、個人的生活費、薪資…等支出，及心裡面想要的獲利點。「工作費率」必須在扣除所有支出之後，還存有合理的利潤。有可能我們所認為的合理利潤對於市場行情來說是「暴利」，建議參考一般收費行情，在中間取一平衡點。

別忽略了付款方式

同樣總價十萬元的貨款，分三次付清和最後交貨再結款差別很大。一個案子可能在兩個月內就結束，也可能拖上一年半載，當中因素很多；有人好不容易把一個工作完成，對方卻因為不滿意而不付費，真的血本無歸，所以要用分階段收款方式來保障自己的權益。最好工作每告一個段落，就結清部分款項。例如，草圖通過後第一次收款，製作完畢再收款，修改完畢結案之後結清尾款。

有時付款方式往往比費用的數目本身更重要，因為定期收入對工作室的現金週轉幫助很大。

遇到客戶殺價怎麼辦？

對新手來說，這的確是一個難題。就是很多「老手」談到價錢時，尤不免臉紅耳熱。

不過先記得一件事，客户會殺價是正常的，想想我們買衣服的時候，不也喜歡喊貴嗎？即使我們真的很喜歡那件衣服。如果我們還記得當時商家是怎麼應付我們的，不妨學學他們用些技倆，試著說：「這樣吧……我試著去和印刷廠老闆說說看，也許他會答應再減一些價錢……好吧！萬一他不減，印刷部份就當我免費服務你，反正我不可能因為免費服務就放鬆對印刷品質的要求……設計費方面，你就別再為難我了，別壞了我的行情嘛……」

或者說：「如果您不放心，付款方式可以再商量……或者我們可以提高尾款的成數，如果到時候有什麼不滿意的，就扣在尾款囉！這樣你就放心了吧？」

設定底限，一次讓步一點點，別太擔心客戶會流失，固然我們不輕易放棄一個客戶，客戶要重新和一家廠商談判，也是一件麻煩的事呢！

讓客戶覺得你真是個好傢伙！

美術工作是專業，不是削價競爭的行業。要讓客戶覺得你「真棒！」而繼續和你合作，而不是你「真便宜！」

儘量從自己的工作能力和經驗中，找出與眾不同的地方，每天催眠自己：是的，我就是這麼好，我就是能提供別人不能的服務，我的速度特別快、我的品質特別好、我的人脈又多又廣隨時可以提供適當的服務、我的組織能力奇佳，客戶沒想到的我都想到……不是每一樣都要，但至少找出一道「招牌餐」，讓客戶知道一來到你這裡，就可以得到這種服務。

客户和我們一樣，各有各的弱點；有人要快、有人要好、有人需要廠商隨傳隨到。培養出特別的優勢，才能專攻某種客户。

第三節 SOHO族的職業道德

切勿成為商業間諜

自由工作沒有固定的老闆，愛上哪兒接案沒有人能阻攔。但別讓自己成為同業間有名的廣播電台，把東家的發展計劃透露給西家，西家的財務狀況透露給南家，南家的公司醜事透露給北家。

別看每個人聽別家的家務事時都興致勃勃，到時候東西南北全湊在一起對質，肯定臉色大變，你的名聲不脛而走，自由工作生涯可能就要被迫暫停了。

一個情形例外，如果客户先不仁不義，欺負「個體户」，當然要廣為宣傳，免得下次再有人受害。

有些生意價錢再高也不能接

一天二十四小時不睡覺也趕不出來的生意不能接。話不能亂説，頭不能隨便點，點了就不能再摇頭；答應一件事等於多背負一個債務。別幻想自己有過人能耐，有時候不是願不願意的問題，而是時間根本不允許。

先來先到，要求後來居上的生意不能接。試著將心比心，如果你的廠

商為了利益，讓別人的案子先插隊，完全不顧你的立場，這種廠商值得信任嗎？除非事前你已經定下原則：凡是預付現金的客户，一律先服務；並公開讓所有客户都知道，大家都可以自由選擇該怎麼做。

手中客户的主要競爭對象不能接。想想看，如果兩家都搶著出旅遊叢書，兩家都準備在版面上做大幅革新，請問，在時效和品質上，該忠於哪一家呢？基於職業道德，自由工作者也必須有某程度的「忠誠」，所以一次只能選一家。有人可能覺得這種想法太迂腐，可是事情一旦曝光，「身價」跌落的速度就不是「迂腐」兩字能解決的了！

有些生意價錢不高也要接

大機構的案子要接。除了口碑之外，自由工作者在外面工作也要靠點名氣，和大機構合作的經驗則可以為自己增加籌碼。不過大機構完全按預算行事，專案在外發之時，通常已經沒什麼議價空間，所幸大機構付款比較有保障，可補其不足。

高創意高挑戰的案子要接。美術工作不是只有賺錢就會快樂，長時間缺乏激盪和思考，不但腦筋會愈來愈鈍，心情也不會快樂。在生活過得去的原則下，讓自己的腦子接受適當刺激，比賺錢重要。

恩人的案子不能不接。如果你曾經接受過某個前輩提攜，以至於今天能順利走在這條路上，那麼，只要這位前輩開口要求幫忙，價錢不高也要答應，除非檔期已經排得滿滿。

做生意有時不只是做生意，也在做人、做原則。

進入美術SOHO之門 備忘錄

第四節 用工作信用建立人脈

如何讓更多的人認識你？

當然最好的方法就是工作的「品質保證」。

通常我們會口口相傳介紹：「我知道有個人做得不錯，速度也很快，你要不要試試？」說這句話的人如果信用良好，對方一定很快反應：「真的嗎？快點告訴我他的電話。」

所謂的「人脈」往往是在工作中，靠著工作的「信用」建立起來的。要認識夠多的人，願意相信你，甚至為你輾轉介紹。如果你持續維持品質，也等於為介紹你的人添上一筆光采。這是個「魚幫水水幫魚」的社會，人脈不能靠著「打哈哈」而來。

不過，如果有過去的朋友同學不清楚你的工作性質，不妨也花點時間解釋一番，說不定哪天有機會替他們的朋友服務呢！

有些機會必須主動爭取

靠「口口相傳」是一個方法，除此之外，主動爭取的效果也不錯！

上網找一找，很多人力銀行的網站有客户公開徵求兼職人員的消息，有的消息不在人力網站上，而藏在企業內部網站裡。積極的做法是蒐集幾家較有興趣的公司資料，觀察他們的產品、市場潛力、未來可能發展方向，然後主動把個人資料寄給對方，表明你對這家公司的興趣。

有一個朋友，習慣性地散發個人資料，久了也成了無心的動作。就在他結束自由工作，回去上班的第二天，一通電話打來，送上一件大案子，一問之下，竟是當初無心插柳的結果。所以，誰也說不定哪天機會突然上門來。

至於漫畫家、插畫家等創作人

員，與其靠人脈不如不斷創作，主動投稿，此乃增加曝光率最佳的方法。

第十八章

加強美術專業外的智商

腳步真正開始之後，很多人才發現，小型創業最困難的地方，竟然不是儘量發揮本身專長，而是在自己的非專業領域上；尤其對很多美術人員來說，行政、會計、法律常識竟是如此瑣碎難以理解，偏偏它們又如此重要！在正式開始成為自由工作者之前，不如先考考自己這些專業外的智商有多少吧！

第一節　著作權到底是誰的？

問：突如其來的存證信函

阿邦是專職的美術自由工作者，和多家廣告公司保持良好合作關係。最近因為案子越來越多，忙不過來，不得已要做個選擇，考慮良久，因為對建築業不感興趣，決定放棄合作了三年的和旭建設公司。

單純的阿邦，並沒有想到會因此結下樑子。直到一個下午，阿邦熬夜補眠醒來，竟然接到和旭寄來的「存證信函」，要告他侵害著作權，阿邦一頭霧水，搞半天才弄清楚原來是他把之前和和旭建設合作時設計的一個圖案，修改之後，用在大正廣告公司的作品上。

阿邦很緊張，心想大禍臨頭了，他不但害了自己，也害了大正廣告公司。到底阿邦有沒有觸法？

答案(A)和旭建設公司是付錢的人，阿邦只不過是動手做，付錢的人最大嘛！著作權當然歸和旭建設所有，阿邦有罪！

答案(B)阿邦沒有完全照用，他把圖案修改過的，不算侵權，阿邦沒有罪！

答案(C)東西是阿邦做的，著作權當然歸他，他愛怎麼用就怎麼用，當然沒罪。

答案(D)以上皆非。

答：原始的約定最重要

答案是(D)以上皆非。

因為我們並不了解阿邦和和和旭建設最早的約定是什麼。

著作權法規定，除非有特別約定，否則著作權屬於完成著作的受雇人和受聘人，出資製作者只享有使用權，並且要徵得著作人同意。但是雙方若另有約定出資者為著作人，著作權就歸出錢的老闆或是客户了。但是約定不一定要形成文字，口頭約定也算數。

經過打聽，知道阿邦並沒有簽下任何文字合約，所以阿邦做過的任何作品都屬於他自己的。至於兩邊有沒有口頭上的約定呢？阿邦已經不記得了，這方面的認定非常困難，所以和旭建設控告阿邦不容易成功，更別說是大正廣告公司。

如果雙方當初有簽下書面契約，表明著作權歸和旭建設，那麼阿邦的做法就是侵害和旭的著作權了。

身為自由工作者，要懂得保護自

己，一是防止他人侵害我們的權益，二是防止自己在不經意中侵害他人權益而觸犯法網。保障雙方權益最好的方法，就是留下書面契約。在契約上，雙方對於付款方式和著作權的歸屬要有很清楚的說明。很多人以為彼此有默契，不好意思用合約來破壞這份「感覺」，有這種觀念的人最好趕快清醒，正視自己的作品是「有價」的事實。

建議：法律的灰色地帶

另外，美術人員常常利用現有素材修改，用在自己的作品上，電腦影像合成就是最好的例子。如果用的素材不是經過授權的，可能要當心了！因為法律上很難判定「原創」的成分，到底修改多少才不算是侵權呢？在這方面著作權法仍處於灰色地帶，所以如果有心人要故意找碴，告你侵權，也不是不可能的。

類似的情形立場如果顛倒過來，工作者經客戶要求，帶著草圖參加提案會議，最後客戶沒有採用。沒想到，之後草圖的概念反被客戶盜用，經稍加修改後就變成自己的作品，一毛錢都不用付。對這種「修改」的認定，法律也很難判定。最好的辦法就

是事前約定，做一個動作，付一次費，不過為了爭取業務，這個辦法很難落實。

既然在法律上對「應用美術」著作權的保障還存有許多灰色地帶，我們必須儘量了解清楚什麼情況下可能被控告，什麼情況我們的著作權可能被侵犯，並學會用合理的合約來保障自己。

第二節　合約的細節

問：就這樣不幹了！

美美雜誌社是小方一年來的固定飯碗，雖然為了趕月底的出刊日，小方幾乎每個月都要熬上幾夜，不過固定的美編報酬和印刷利潤，是一筆豐厚的收入。雜誌社好幾次想把印刷發包權回收，不過見小方精明負責，也樂得繼續讓小方賺這筆錢。

想不到，向來穩健的小方這個月卻栽了一個大跟斗。小方因為電腦出紕漏，耽誤三個工作天，小方拜託印刷廠無論如何要幫忙趕工，印刷廠表明沒有把握準時交貨，小方情急之下要印刷廠無論如何要準時交貨，否則到時候扣他貨款；印刷廠看見小方這麼蠻橫無理，索性不印了。小方想不到印刷廠竟然這麼絕情，臨時又找不到其他印刷廠可以配合，一氣之下，決定控告印刷廠毀約。

印刷廠表示小方沒有理由控告他，為什麼？

答案(A)是小方的錯，他拖延時間，沒有準時交給印刷廠，印刷廠當然可以拒絕啦！

答案(B)印刷廠只不過是沒有義氣，沒

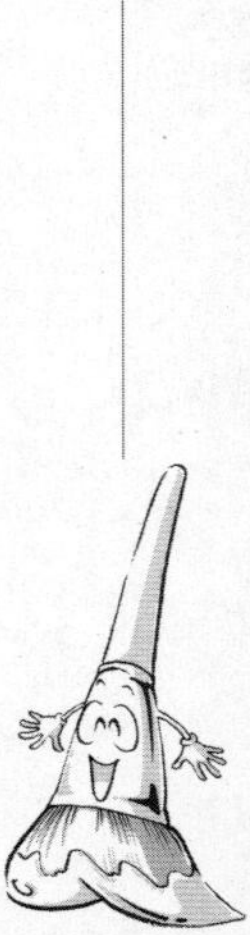

這麼嚴重要接受法律制裁吧！

答案(C)要告也是美美雜誌社告，怎麼輪得到小方呢？

答案(D)以上皆非。

答：合約上沒說

答案是(D)以上皆非。

因為我們不知道小方和印刷廠之間的合約是怎麼定的。

如果合約上規定在合約期限內（假定是一年）印刷廠必須隨時配合每個月的出刊印刷，而若因為小方作業延誤造成印刷廠無法準時交貨，延誤的責任在小方，但是印刷廠不得因此而拒絕履行責任。

經過打聽，小方和印刷廠的合約上，果然沒有這項約定。小方只有摸摸鼻子，讓雜誌社扣了款。

由於可能接觸印刷費用等比較大筆的金額，所以美術工作者除了客戶之外，和廠商（印刷廠、輸出公司等下游廠商）也必須有書面合約。

過去很多個人工作室一談到合約就皺眉頭，從事美術工作的人似乎注定與許多行政細節無緣；事實上合約是否有效並非用條文的遣詞用句是否專業來判定，只要一張紙上簡單載明雙方對這次工作的權利和義務，同時有雙方的簽名即可。因為這裡不是法律顧問，所以不能提供「看起來」很專業的合約書樣本，但是我們可以以經驗提醒各位，和你的廠商及客户簽約時要注意哪些事情。請注意，合約中所有的數字都要以大寫數字書寫。

建議：先小人後君子

一、報酬部分：費用、付款方式（每次付款的時間和數目）、付現金或是開立支票、匯入帳户、是否含稅等等。

二、權益義務：

1. 交件時間。延誤交件的處理？
2. 交件媒介。（印刷成品？手稿？檔案？網片？）
3. 工作當中所需要的資料由誰提供？
4. 雙方行政程序的配合。
5. 修改的問題。

三、著作權：

1. 著作權歸屬關係報酬的高低。

身為美術工作者可以要求合約上不要載明著作權歸屬，如此就可以保留自已著作人的身分，但是出資的客

户可能因此只付一次的使用費。也可以把著作權讓給出資者，獲得比較高的報酬。

2. 著作權歸屬關係作品後續的處理方式。

雖然合約不能百分之百保證自由工作者的權益，卻是個人（或小工作室）與大公司打交道時在法律上唯一的保障。寧可先小人後君子，不要含糊地丟了自己的權益。

我們要練習開口向客户或者廠商要求簽約，就像問候朋友一樣自然：「嗨！如果我們對這個方案都沒有其他異議，是不是找個時間簽約呢？」試試看！

第三節　煩人的加減乘除

問：忙盲茫！為賺錢還是賠錢忙！

為了能夠正式開立發票，美如替自己的工作室申請了公司登記。

成立公司之後，果然帶來好運，業務蒸蒸日上，因為忙不過來又雇請一位助手和跑腿的小妹，原本的小工作室儼然有了公司的架勢。同時為了週轉方便，美如用公司名義申請了支票；從此，除了小筆金額之外，美如對外的金錢往來幾乎都是用支票。因為不諳數字，美如把公司的記帳工作全委託會計師處理，自己則全心在業務開發和製作上，很少過問。

過了一陣子，美如只覺得日子越來越忙，雖然不斷有收入，可是也開出支票、不斷付出現金；日子就在軋票和支票兌現中過去，至於到底是賺錢還是賠錢都快搞不清楚了！

答案(A)美如雖然不是專業會計，不至於簡單的記帳也不會吧！

答案(B)會計在美如來說是外行，她應該請一個學會計的小妹。

答案(C)美如的會計師不盡責，應替美如把帳目弄得清清楚楚才對。

答案(D)以上皆非。

答：會計是紀錄工作的史官

答案是(D)以上皆非。

商業上的會計的確不同於日常生活的收支記帳簿，為了更精確評估企業體的經營效益，會計發展成專門學問。對很多美術工作者而言，繁瑣的會計科目是難以理解的概念。

在工作室維持個人規模時，會計的問題比較單純，一本簡單的現金收支簿就足以紀錄個人財務狀況。但是當工作室擴張至公司規模時，就會衍伸出不同的收支類別。例如說，以前我們收到一筆現金，就在收入欄上記上一筆；用出一筆錢，則記在支出欄上。可是，如果你現在收到一張還沒兌現的支票，應不應該記在收入欄呢？相同地，你開出一張支票，兌現日在一個月後，算不算已經支出了呢？

另外，如果你向銀行貸款二十萬元，且全部投資在工作室的設備，那麼理論上目前是負債二十萬，可是二十萬並沒有消失，而是成為工作室的資產了。

平常我們看不懂的會計科目即從這種種的商業行為中衍伸而來，對工作室（公司）而言，做任何一個動作，都具有某種意義。會計科目的作用就是把這些動作和意義用專業的方法紀錄下來，讓我們可以透過這些數字了解工作室（公司）的金錢進出狀況、營業狀況、賺賠情形？或者是還沒兌現的支票金額有多少？應該收卻還沒收的帳款或是應該付卻還沒付的錢有多少？

建議：多一本帳本，腦筋更清楚！

也許有朋友一看到這裡就頭痛了！心想，哪有這麼麻煩呢？不就是一筆錢來一筆錢去嗎？偏偏非常不幸地，美術工作鮮少是一手交錢一交貨，一個案子往往經時兩三個月，期間必須先付出去設備、耗材、時間成本，結案後領的又是遠期支票，急需錢週轉時，可能還要付出一筆利息，連每一筆利息都影響到整體的盈虧；這些並不是簡單的「收支」觀念可以交代的。有人說，我幹嘛算得這麼清楚呢？有什麼好處？好處就在於，你可以透過這些紀錄知道什麼時候該收款，什麼時候有支票需要兌現？甚至，可以透過數字調整自己的開源節流的手法。

為了節省會計的人事費用，小型公司通常把記帳的瑣事委託會計師處理，事實上，會計師做的帳主要是讓

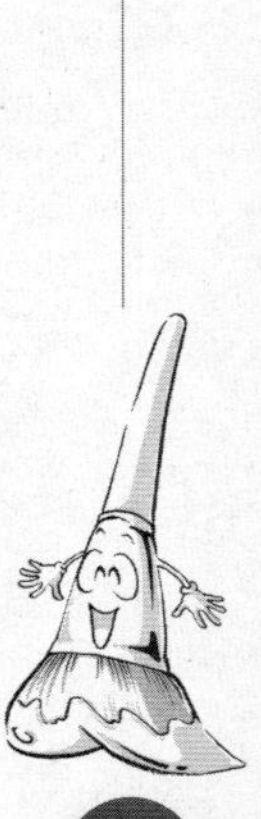

國稅局查稅、課稅用的「外帳」。真要了解工作室內部的財務狀況，最好還是自己有一本「內帳」，當然，對「校長兼撞鐘」的自由工作者而言，只有自立自強了！

進入美術SOHO之門 備忘錄

第四節　小工作室的大力量

問：個人工作室的宿命？

志成的個人工作室已經開張一年多了，因為個性開朗又認真負責，交件時間從不拖欠，品質也始終保持一定水準，故志成在客户之間相當有口碑。

做事小心謹慎的志成，接案的態度比較保守，因為志成的客户多是畫廊界的朋友，委託給他的案子大多是有時效性的畫展活動宣傳，他不願意因為案子太多，產生案子同時軋在一塊兒的調度失靈現象，所以始終維持小規模的經營方式；志成認為這是維持信用的不二法門。

可是最近志成有點兒煩，因為輸出公司和印刷廠等下游廠商的配合好像越來越差，經常把志成的案子排在其他大客户後面，議價空間也越來越小，種種都讓志成不高興，可是志成明白廠商有為難之處，誰叫他只是一個小工作室呢？難道這就是個人工作室的宿命？

答案(A)沒錯，小單位就該認命，競爭力不能和大公司相比。

答案(B)錯了，下游廠商也應該重視義

氣，不能因為誰有錢就「大小眼」，不重視工作室的案子。

答案(C)錯了，下游廠商多的是，生意大家搶著做。只要貨比三家，還怕找不到廠商嗎？

答案(D)以上皆非。

答：談情義不如談利益

答案是(D)以上皆非。

雖然我們希望商場上大家都講原則，重情義，可是用「義氣」來苛責廠商是不對的，大家都要吃飯，不能老是為誰犧牲。但因此而論定小工作室的力量薄弱卻又未必。

小工作室尋找下游廠商，或者採買設備材料的動作等同大公司的「採購」行為。與平常買東西的道理是一樣的，大批購買通常比零星購買要便宜，所以一般大公司買東西的殺價空間比較大。買東西如此，買服務也同樣，即使只是印製一張小小的名片，印刷廠先印大公司的，再印個人工作室的案子，這並不奇怪。重要的是，小工作室能否認清這個事實，經過規劃和談判，替自己爭取同等優勢。

我們必須先了解廠商要什麼，才能對症下藥。對廠商來說，同一段時間內，能提供給他較穩定，量較多的業務，就是比較值得服務的單位。所以個人工作室要降低經營的成本，最好在同一家電腦公司購買設備，在同一家輸出公司輸出網片，在同一家印刷廠印製成品，然後告訴廠商，你一個月有多少的業務量，你可以承諾所有的業務都會委託對方完成，請對方把你算進他固定的進度裡，並給你適當的折扣。

建議：小工作室的規模經濟

這是第一步。第二步是聯合其他同業，形成初步的規模經濟，因為共同採買會比單獨採買便宜得多。只要取得共識，一家工作室力量小，十家工作室的力量就驚人了。別小看從八折到七五折似乎只有零點零五的差距，長時間累積下來卻是一筆可觀的數字。否則，發票稅只有零點零五，為什麼還是有很多商家千方百計的想要逃稅呢？

壯大「採購」聲勢，就等於增加「採購」的實力，一樣可以為自己爭取和大公司相等的「折扣」和「服務」。

除了採購可以聯合，服務客户也可以用「異業聯合」的做法。集合平面設計、插畫、道具、文案、編輯等不同領域的個人工作室，組成暫時性

的團隊，不但擴大服務範圍，在客户面前的氣勢也不輸給大公司。

為了爭取最大的工作效益，建議工作室成員除了本身專業之外，能建立一套控制成本和提高服務效率的方法，讓小工作室的競爭力真正能直逼大公司。

進入美術SOHO之門 備忘錄

進入美術SOHO之門

備忘錄

第七章

十年後的理想願景

身為自由工作族的一員，是不是曾經想過，希望自己十年後過著什麼樣的生活呢？這是「夢想」，是「願景」，今天我們在工作上的計劃，可能是為了十年後的生活而努力。願望不是不能達成，只要一步步按部就班，「夢想」遲早會實現！

第一節　播種期

狀態一：業務量能不足，宜努力播種。

狀態二：信用累積不足，宜戰戰兢兢。

狀態三：專業能力不足，宜力求專精。

狀態四：人脈網路不足，宜廣結善緣。

狀態五：生活型態不定，宜力求規律。

計劃一　全面播種

無論之前有多少充分的準備，在創業的初期不免都會面臨業務能量不足的困境，而這也是美術自由工作族在這一時期會顯得有點兒綁手綁腳的原因。

這裡要先解釋「業務能量不足」的意義。有人在一開始時，也許因為親友的介紹，也許因為自我推薦，因緣際會地聚集了不少案子，提供工作者「表現」的機會，因此有錯覺，以為這就是「業務能量」很足。其實，「業務能量」需要經過長時間的考驗，客戶必須對工作者的能力、速度、配

合度產生信任，成為長期合作的對象。除非有特殊原因（諸如公司內部政策改變、工作者出太大紕漏……），否則客戶不容易流失，這類客戶累積的多寡，才能稱為「業務能量」。

剛起步的朋友，大部分「業務能量」是不足的，必須花比較多的心思開拓新客源，給自己多點機會。服務業流行的口頭禪：「顧客永遠是對的」，在美術工作領域可不見得，在初期，是工作者和客戶彼此試探的階段，通過「誠意的」溝通後，總會篩選出合作愉快的對象，也會發現一批無論如何都合不來的傢伙。在打完分數後，哪些是將來優先「伺候」的客戶，應該已經有了定奪。

計劃二 信用第一

「信用不足」和「業務能量不足」道理相同。就好像從來沒有開口借過錢的人，如何判斷他是不是信用良好呢？同樣的道理，從來沒有接過案子的美術自由工作族，誰曉得他到底行不行？別傷心，這種疑問是正常的，要破除他人的懷疑，頭幾個案子最重要，無論是要熬夜或是因為估價錯誤要賠錢了，都必須一句不吭地把東西做到最好，交到對方手中。這個過程很艱辛，但是很值得，因為今天你累積的信用不但可以維繫熟客，宣揚口碑，還可以在將來萬一「失信」時，獲得別人偶爾的寬容。信用夠的人，可以有「偶爾」要賴的權利，但是記得，信用可是很容易用光的，要隨時補充！

計劃二 專業優先

不論美術天份夠，或是軟體操作得出神入化，都不足以完全說明專業能力。「專業能力」必須經過商業市場考驗，兼具能清楚表達商業需求、解決商業上的難題。簡單來說，就是作品不能只是作品，要是個能賣錢的商品；執行的過程有哪些更有效的方法，哪些可以捨棄的細節，都要瞭若指掌。專業能力的培養有助於和客戶的溝通。

以筆者的主觀經驗而言，「溝通」是美術工作最困難的一部份，人人都覺得自己可以對畫面構圖發表一下意見，「這裡太擠啦！」「字太小了⋯⋯」「這裡是不是再加張我們公司的照片呢？」誰都知道這些聽在嘔心瀝血「端菜上桌」的設計者而言，簡直句句刺耳；但是初期應該先把個人的「堅持」先放一邊，卯足勁去培養市場的敏感度，別在還沒建立專業形象之前，浪費火侯在與客戶玩「藝術」和「商業」的拉鋸戰，自我封殺。

再說，通過專業能力這一關的考驗，才能有夠充分的標準去檢驗自己的成品和執行能力是否合格。

計劃四 廣結善緣

認識的人不多，是初期的困境。這時候先想想，你想在別人的心目中留下什麼樣的印象呢？或者希望運用認識的人建構你的團隊嗎？

對初期的創業者而言，「運用人脈」是言之過早，因為這時期認識的人都只是原來的親朋好友，頂多加上職場上的同事。而事業合作夥伴因為牽扯到利益，在缺乏專業能力之下，若處理不好，容易破壞原來的人際關係，這樣是不是值得呢？恐怕有待商榷。再者，這時候衝刺的目標在專業能力的加強，讓自己更強壯，處心積慮去拓展人脈容易分散火力。

其初期保險的做法是，留給別人一個好印象，效益大過利潤上的追求。與其刻意想要建立人脈，接到多少案子，賺得多少利潤，不如鞏固自己做人做事的原則，讓有機會認識你的人留下深刻的印象，有機會，甚至把自己做不來的工作引薦給朋友，廣結善緣，皆大歡喜！

計劃五 嚴以律己

是不是加入自由工作族的人都會在心中大喊「自由萬歲」呢？如果是，可能還高興得太早。剛從上班「牢籠」中放出來的朋友，面對完全自由的時段，通常有兩種反應；一是無所適從。很多人向來跟隨公司作息而決定自己的作息，忽然間失去遵循的方向，於是因為不知如何安排自己的生活而一天天虛度光陰。另一則是歡喜過頭，狂歡度日。這種人為了享受自由的滋味，每天不到日上三竿不起床，又因為第二天不用上班而夜夜笙歌。

一開始就缺乏自律的生活，往後要重建是難上加難，建議這時候先別急著享受自由的滋味，況且也沒有條件為所欲為，否則對於創業的生涯將是一大傷害。試著給自己定一個生活計劃，來個嚴格的考驗，考驗自我要求的能力；當事業伴隨自律的生活建立初步規模，才是下一步考慮「理想生活型態」的時機。

第二節 耕耘期

狀態一：業務能量穩定，宜努力耕耘。

狀態二：信用持續累積，宜時時維護。

狀態三：專業獲得信賴，宜樹立風格。

狀態四：人脈網路建立，宜借力使力。

狀態五：生活步調規律，宜時時調適。

計劃一 定點耕耘

我們希望經過第一期的播種之後，大家都已經發掘幾個值得投資的客户了。但是現在可以放緩開發腳步，開始將重點轉移到「服務現有客户」上。

沒有人能否定，配合愉快的客户是多麼寶貴的資源，這些固定支持我們的朋友，無論業務量是多或少，頻繁到一個月發兩次稿或是半年才發一次稿，對工作室都有同樣的價值。他們的價值在於提供工作室固定的業務和收入，提供工作室固定的工作模式，最重要的，他們的「信賴」讓人精神為之一振！當彼此的信任建立，我們就不用再把心力花在擔心對方是不是會跳票？老闆難不難伺候等等傷神的問題。

另外，這時候可以開始思考工作室未來的規模和方向，會擴充嗎？還是維持小而美的局面？自營嗎？還是以股份公司方式經營？或是與企業合作，成為企業的一個小部門？

計劃二 保持信用

初期建立信用的困難在於，之前沒有任何信用紀錄當保證，所以不敢有絲毫閃失。信用開始累積之後，客户才會覺得比較放心，因此允許偶爾的出狀況。但這不代表可以自我放鬆，因為新的困難又產生了。

這一階段的業務想必比初期多，而且客户多已是熟客，每一個都得卯盡全力去「伺候」，難免會發生「軋在一塊兒」的現象。如果不得已得犧牲某一個客户的權益，就看個人如何展現智慧了！最好先估量每一個客户的處境，選擇一個較不會有「實質損失」的客户作為犧牲對象；例如，與其犧牲廣告稿的製作，不如先犧牲包裝盒的設計，頂多包裝盒延遲兩天送印刷廠，可是廣告稿如果趕不上檔期，不但喪失全部的廣告效益，還連累廣告主對媒體失信，是陷人於不義。

對於沒辦法下犧牲的客户呢？盡可能做補救工作，並且以更完美的成品來補償自己的失信。

計劃三 建立風格

通過第一階段嚴格的專業檢定，在專業上得到客户的認可後，應該會有想大喊：「太棒了！」的心情。為什麼呢？因為往後在溝通任何問題時就容易多了。

與之前相較，這時候的客户將顯得十分倚賴「專業」的意見，如「我想再加點什麼，你看是不是合適？」「照你説的做吧…」「耶，很有道理…」等等。當然，我們必須提供對方實際而有用的專業意見，不能以「專業之名」行「隨便之實」。

同時，趕快讓自我風格搭著「專業」的便車，走在前面領航。專業能力可以培養，美術天份和風格卻無法複製。風格的用處很多，諸如滿足自我、規劃自己的發展屬性；而且，雖説專業能夠得到客户的信賴，但真正獲致欣賞的還是「個人風格」，這也是真正區別自己與眾不同之處，所以，有自信的朋友，在這個階段別讓自己特有的風格埋葬在「專業」底下不見天日啦！趕快把它找出來，想一想，利用自己的風格走出什麼樣的路線？

計劃四 將本求利

將本求利？這是在談人脈嗎？是的，經過廣結善緣而累積的人脈網路，這時候變成有利的「資本」及最大的「錢倉」。聽起來好像很現實，不過這種局面即使自己並不主動營求，還是會自然形成。

這就是人脈奧妙之處。

從事美術工作的人往往不喜歡把錢掛在嘴邊，彷彿賺朋友一點佣金，就會沾上洗不去的銅臭味。其實社會上是「魚幫水，水幫魚」，一個人做不了所有事，何不集合有本事的朋友共同完成？在過程當中，對客戶負責而賺取的服務費本來就是合理的報酬。

有人問，為什麼不把朋友直接介紹給客戶呢？說得沒錯！但是有幾個因素讓我們不想這麼做，一方面經營一個客戶需要花心血，所以為自己保留財路的心情是可理解的，另一方面是客戶未必喜歡重新適應一個新的合作對象。基於維護自己權益和解決客戶困難的立場，在能夠掌控的範圍內，建議利用身邊的人脈共同完成客戶交付

的任務。

但是，在此筆者要提一個也許是迂腐，但還是要「宣揚」的觀念。那就是儘量在事前和客户商討你的做法，強調你會全權把關，然後確定他是否能接受，最好不要隱瞞。因為只要是美術人員，就很難把別人的作品當做自己作品，即使瞞得過客户，心裡也會覺得怪怪的。

計劃五 適度放鬆

初期嚴格的生活要求，是為了建立良好的律己習慣，但一段時間之後，可能會有彈性疲乏的危險，這時候就要適度地調整自己的步伐。幸而律己的習慣已經養成，不必太擔心因而會過於鬆散。

初期面臨生存壓力，不得不把時間排得滿滿，一會兒覺得少賺了這一筆可惜，一會兒擔心會因為拒絕而得罪客户。於是，排定的休假經常取消，朋友的邀約也不敢答應，看見喜歡的電影沒時間去看，這些都是可以理解的心情，但卻不應該繼續存在這一階段。

這一階段，已達穩定，很多優勢可以開始建立。過去不眠不休的工作，現在可能忽然覺得和朋友聊一個下午的價值勝過畫一張五千元的稿子；過去不敢拒絕客户隨時隨地的召換，現在卻願意讓客户了解熱忱不變，只是偶爾也需要休假充電。當然，並不是說每一個人都該採取這個模式，也有人在這階段依然繼續衝刺，不願稍做停歇。重點是，不管採取什麼生活模式，這一階段比起初期有了更多的決定權，別輕易放棄這份努力經營而來的權利。

進入美術SOHO之門

備忘錄

第三節 收穫期

狀態一：業務能量飽和，宜大展鴻圖。
狀態二：信用無庸置疑，宜愛惜羽毛。
狀態三：專業風格成熟，宜業有專攻。
狀態四：人脈網路發達，宜運籌帷幄。
狀態五：生活不虞匱乏，宜施展理想。

計劃一 準備起飛

理論上，經過幾年的步步為營，這時候的業務能量應該已經到達飽和，不用再為開發客户而發愁了。

試著想像，屆時也許和客户已經平起平坐，甚至有機會參與客户內部的發展計劃，慢慢跨出代工的小格局。這時候最需要加強的，就是對業界大環境的了解，唯有這樣，才能夠在和客户交談時透露自信與能力，爭取參與客户內部發展的合作機會，也才能夠評估各種計劃的得與失。

例如，輸出公司準備成立設計部門，並準備將部門委外經營；動畫公司準備成立卡通部門，準備併購一些小工作室；設計公司預備成立出版社，專門出版個人風格的筆記漫畫書……這些都可能會影響個人工作室的發展。如果不想長久代工，密切注意相關消息有很大的助益。

計劃二 打信用牌

能夠走到這一步，個人信用顯然不是問題。長久耕耘的結果，值得大夥兒道一聲恭喜！

維持信用不是一件容易的事，彼此應該都了解這份辛苦，在這階段除了靠「信用」維繫雙方的生意往來，「體諒」也很重要。當然，如果忘了創業時的篳路藍縷而濫用他人的體諒，頻頻做出「食言而肥」的事，則距離「信用破產」的日子也不會太遠了。

信用累積到一定程度，成為比「金錢」更為可貴的財富，好比電視廣告經常請名人替產品「背書」，利用的就是名人的「形象」和「信譽」。如果好好利用自己的信用，不但可以為自己增加收入，也可以用來提攜後進。不過「水能載舟，亦能覆舟」，雖然這時候是「打信用牌」的好時機，如果一不小心為不誠實的人和物背書，就會毀了辛苦耕耘的個人信用。

計劃三 瞄準定位

這裡所謂的「專業」，已經不光指掌握美術工作細節的「專業」，更是指「領域」上的專業。

個人工作室初期為了探索自我及外界，難免為自己劃定一個大的範圍，商業稿、藝文稿、漫畫、插畫、企業形象……等等，什麼工作都碰一點，這種做法可能要跟著工作室的成長而慢慢修正。什麼都做雖然給外界「多元化」的印象，同時也是「不專業」的代名詞。所以最好選擇自己專精的領域，努力鑽研，打出屬於自己的品牌。

專業有幾種做法，一是忠於一種職業，當一個專業的動畫師、漫畫家、平面設計師、立體造型師或者插畫家，經由長時間努力，晉升為「師」字級的人物。也有忠於一種行業的，例如選擇平面出版業、光碟多媒體業、電視節目或是廣告界，用心摸索，在心儀的行業裡闖出一片天地。還有一種是為興趣而選擇文學、人文、生態或是環保的領域發展，自成一格，因為對主題的喜愛，很有可能從攝影、文字到美術都一手承包，在工作之外，有另一番成就。

定位有很多好處，除了獲得業界

的認可，經年鑽研同一個領域也將豐富自我生命的色彩。

計劃四 調兵遣將

對於不想擴張版圖，想要悠閒度日，又不願置身於市場之外的人，特別要注意訊息的掌握，甚至不靠自己動手做，也能完成部分的工作；至於要大展鴻圖的人，更不能置身於消息面外。「人脈」在此時，將發揮功效到極致。

之前因為個人能力有限，集合各路人馬共同完成工作，固然是個好方法，卻仍不脫「急難時互相幫忙」的色彩，接下來的做法似乎可以更為主動。例如，評估身旁有多少可供調遣的人力資源，然後主動爭取合適的案子。或者是集合幾個同好，共同開發新的案子。

比起被動地「支援」，這過程充滿挑戰和成就。比較困難的是對工作夥伴的了解和掌握，人各有不同專才，有人點子不斷，執行力卻奇差；有人是個中規中矩的好秘書，在緊急時刻卻幫不了忙，適才適用才能讓團隊的效益發揮到最高。

計劃五 隨心所欲

「隨心所欲」，說明了生活方式隨心選擇；生活品質隨心控制；生活習慣隨心掌握。不管對上班族或自由工作族而言，相信都嚮往這一個境界。

之前的努力，是為了過更好的生活。這時候不需再為明日三餐煩惱，因為有了一定的積蓄；也不用再為開拓業務而煩惱，因為別人自會找上門；甚至，總算可以選擇自己想要的生活了！遷居郊外享受田園風光？出國旅行進行心靈充電？工作累了，隨時關起門找朋友喝下午茶去？影展季節，從早看到晚，看到眼睛發澀？這些聽起來簡單的心願，可能是許多人花了十數年功夫也不容易達到的。筆者雖然可以大聲主張上班族或是自由工作族不應受限於外在束縛，學習自己給自己自由，實際上十分能體會上班族背負他人眼光，自由工作族背負經濟壓力的困境，並不容易突破。

在這裡，讓我們一塊兒幫自己打氣，期待經過努力之後，「隨心所欲」的日子很快到來！

進入美術SOHO之門

備忘錄

第八章

牆裡牆外的迷思

創意的工作最怕束縛，所以追求自由工作生涯是許多美術族的心願。然而根據「牆裡牆外」的定律，美術自由工作者少了有形的束縛，卻多了無形的枷鎖，這也是令許多人路走到一半卻倍感挫折的原因。事先了解會遇到的挫折，有助於臨場應變。

第一節　資源不足影響專業成長

挫折：企業的出手大方真令人羨慕……

如果說「上班的束縛」是美術工作者最討厭的事，那麼「資源匱乏」可能是排名第二了。

起初為了自由，所以脫離上班打卡的日子，後來卻為了生活，不得不大量接案，留給自己的時間也不算多。這也就罷了，偏偏留下一堆後遺症惱人心情。

最先感受到的是創意大量流失，來不及補充。看著還在上班的朋友和同事，忙完一個案子可以偷閒幾天，去看看電影，讀讀小說，甚至和朋友閒扯瞎聊也是靈感的來源。偏只有自己連看電視都沒有時間！那種心情，真是鬱悶……

再來是工具書買與不買之間總是難以決定。別說美術方面的參考書籍動輒上千，就算一般的軟體操作手冊長時期購買累積起來也是一筆可觀的數字，自問是不是都需要呢？也很難說，為了克勤克儉，只有買最急需的，可是這樣下去，彷彿進步的速度也隨著放慢了……這時，真羨慕大公司動輒大手筆買書和軟體的氣魄……

最不平衡的是，不少大公司會有計劃的安排員工進修，讓員工有機會吸收新知，不斷地在專業中注入活水；個人工作室呢，能養活自己已經很不錯了，雖然有時會出現意外的收入，不禁又覺得是該先用來還債吧……惡性循環的結果，是總來不及充實專業知識。

解碼：利用克難的環境造就堅強的引擎

為了對付「創意流失」的失落，最有效的辦法是，規定自己每天一定要離開工作檯多少時間，去看書也好，看電影也好，看展覽也好，逛街、看漫畫、看電視、寫信、聊天、甚至什麼都不做，總之強迫自己離開工作狀態。剛開始會忐忑不安，後來發現，為了在有限時間內完成工作，反而可以訓練自己增加工作效率。如果還是做不到，建議把收音機打開，邊工作邊聽廣播，可以在不知不覺當中接收到很多流行訊息。

在工具書的方面，建議買下必備的，以及愛不釋手的書籍即可，其他可以和同是自由業朋友共同成立一個「換書俱樂部」，大家互通有無，可以減少不少開支，說不定在交換之中，還可以互相討論對書本的感想。

至於進修的問題，的確比較傷腦筋！建議利用工作上的學習代替上課，自己翻閱參考書籍，勤看展覽，若有朋友可以互相交換學習心得更好！初期會比較辛苦，上軌道之後，反而能從苦讀中體會出「主動學習」的樂趣。

雖然資源的匱乏令自由工作者頭痛，但是資源得來過於容易不一定是好事，若不懂得珍惜，等於沒有。聽起來八股，但是學習資源的多寡還是取決於自己的企圖心，如果自由工作族能夠突破自我障礙，在學習的路上反而更具優勢喔！

進入美術SOHO之門

備忘錄

第二節　最怕裡外不是人

難題：固定客源，或者開發不同的客源？

也許有人一看見這個標題，馬上會嗤之以鼻：「當然是多開發不同客户，多給自己幾條活路才好，這還用說嗎？」

且慢，這正是自由工作族會陷入的挫折之一。當創業進入一定時期，業務就會陷入一種進退兩難的情況，淡季的時候一切蕭條，整天坐在家裡嗑瓜子；可是案子一來又全擠在一起，就是有三頭六臂加上一天二十四小時不眠不休也做不完。若不幸正巧來自不同客户，真不知該先「伺候」哪一個才好！找朋友幫忙吧！從沒發包經驗，不知如何處理，勉強發包出去，東奔西走忙了半天，萬一出了差錯，兩邊不討好，被客户指責不負責任，朋友四處宣揚認識你這麼多年不知道你原來這麼麻煩……弄不好還可能丟了幾個客户！

但是如果這幾個案子是同一家公司的，那算幸運。客户可以為了維持每一個案子的品質，主動安排出合理的時間。和前者比起來，同樣是一段時間內完成幾個案子，差別卻很大。

現在還會輕言說客户越多越好嗎？

當然，客户今天會因為你疏於「伺候」而琵琶別抱，明天也會因為其他因素而移情別戀。所以，舉這個例子的用意並不在鼓勵大家從一而終，只是覺得，對自由工作新鮮人來說，這是個兩難的問題，處理不好連人情也會賠上。

破解：妥當安排正餐和甜點

其實，這個問題不在於手上該同時維持幾條客户線，而在於如何著手安排這些客户線。

假設目前從事的是版面編排，包括網頁輸出和印刷流程控制，大部分的人脈都在這個領域，而且短時間內也不想跨足別的領域。此時，建議在考慮案源的時候，儘量把領域以外插畫、電腦動畫……都過濾掉，除非想轉包出去賺利潤價差，但是那同樣要負擔責任風險，如果直接介紹給適合的朋友，還能賺一筆人情。然後，檢視留下來的核心案源，評估自己的時間，先將固定出刊計劃的月刊或者叢書安排在主要工作行程裡，零星的時間，用來完成零星的工作。

總之，把計劃的「主線」留給大的案子，主線等於正餐，必須固定優

先處理的；「副線」再來完成小案子，副線等於是甜點，可有可無，可是出現的時候也要盡可能處理得盡善盡美，儘量讓手上大小案子，都有機會做到滿分，不必擔心顧此失彼，這是安全地同時維持較多家客户的方法之一。

對待正餐和甜點各有各的份量和用途，如果一天當中五六餐都是正餐，小心撐垮了肚皮，也不能都吃點心，否則會吃不飽，適當調配才能達到最高效益。

萬一算盤真的打錯，眼看要出狀況了，怎麼辦？趕快在事情沒有最糟之前，展現最大的誠意來補救，甚至要冒著虧損的危險，說不定客户會被你打動喔！「誠意」是走遍天下最有效用的靈丹。當然，如果你捅的漏子太大，或者在事情無可挽救之後再展現誠意，那就另當別論啦！

第三節　客户跑了怎麼辦？

難題：好好的，客戶沒理由跑哇！

基本上，美術設計，因為牽涉個人風格和品質，所以市場不完全以價錢來決定。如果從事的是書籍雜誌編排，牽涉到輸出印刷流程，其中繁瑣的細節更讓客户不願輕易更換合作對象。所以，如果一直維持穩定的品質，理論上客源也會很穩定，照理說，專注在客户服務要比開發客源重要多了。

基於彼此默契，很多人花全部的心思在舊客户上，以為商業上的關係會是永遠，卻忽略了商場上的瞬息萬變，忽然有一天，客户不告而別，才感到豬羊變色！

對自由工作者而言，失去一個老客户等於是嚴重失血，之前的開發、溝通和經營一夕間泡湯，為了維持生計，想要和對方「再續前緣」，但一次兩次碰釘子後，為了骨氣，實在也拉不下臉再低聲下氣……最後，只得重新開發新的客户。可是美術工作的細節繁多，每個客户的需求南轅北轍，啟動馬達要耗費不少力氣，想起來就費力！

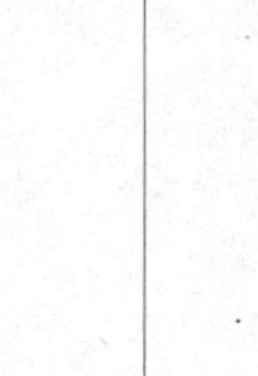

經過幾次同樣的挫折，慢慢能夠理解，雖然美術工作者和客戶之間的穩定性比一般行業高，但並不代表彼此的關係會永遠持續。客戶琵琶別抱，除了是對服務不滿意之外，可能是因為內部改組、人事異動，而影響外包計劃，也可能因為主事的人不同而有不同意見，諸如喜歡的風格不同……等等，都是可能的原因。這當中，不可控制的因素佔了很大部分。

這時，不禁羨慕起上班族，只要不犯下大錯，在一兩年內維持穩定的收入絕不會有問題，何苦將自己陷入困境，和客戶玩追逐賽呢？

破解：讓憂患意識成為生活中的常態

其實，只要不是自己的工作信用太差而導致客戶離開，可以不用太在意客戶來來去去的事實。想想看，當我們在公司固定上下班時領固定薪水的同時，公司也會有客戶流失的頭痛問題，只不過這問題是由老闆去面對罷了！但是公司還是要一天天生存下去呀！

憂患意識在過程中扮演重要的角色。過慣了固定上班領薪水的日子，容易為改變而恐慌，但是從自由工作的第一天開始，就得告訴自己，「改變」將會成為生活中的常態，有了這層心理建設，加上幾次磨練，對任何突變也就能夠釋懷了。

再說，客源和資金一樣，必須有流動，組織才能靈活，儘管組織裡只有一個人也一樣。長時間只維持三兩家固定客户雖然可以累積經驗，卻也容易自我侷限。所以我們鼓勵剛開始加入美術自由工作的朋友，儘量放寬視野，隨時準備迎接不同方向來的挑戰，增強自己的免疫力。

所以，為了培養憂患意識，也為了增加工作室業務的新陳代謝，當業務趨於穩定的時候，別忘了接觸新的機會，不管是主動爭取或是朋友介紹

都可以，不管用什麼方法，儘管為自己在客户心目中加分，誰知道哪一天機會會降臨呢？

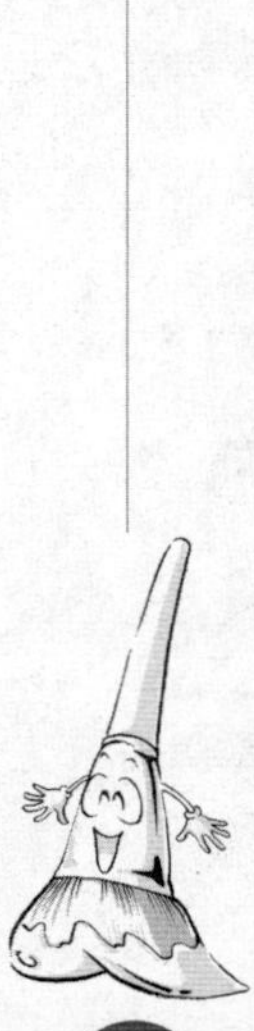

第四節 現實和情義的掙扎

難題：人家說我忘恩負義

有時明知自己是「泥菩薩過江」自身難保，可是面對客户的請託，卻難以拒絕。如客户利用人情壓力逼迫自己在不合理的時間內交稿，或有知遇之恩的前輩要求友情贊助，這時候說「yes」或「no」都是一種為難。

重情義的朋友，對曾經伸出援手拉拔自己的人總是深深感恩，只要有機會回報，往往義不容辭。因此，前面所說的兩種為難情形固然麻煩，卻還是在可處理的範圍內。交稿時間雖不合理，鐵了心去熬夜總還能夠辦到；價錢雖低，看在過去的情義，就算是幫忙性質吧！更何況沒有對方的提拔，恐怕也沒有今天的自己……最怕的是，事情根本在自己掌控之外，說了「yes」也無濟於事。

情形一，今天打電話來，請你明天晚上以前完成一本兩百頁的美術編輯，然後說明晚八點如果沒送進印刷廠，一切都完了！你數數，就算是不睡覺也趕不出來，怎麼辦？對方怪你為什麼不能答應？但這分明就是不講情義！

情形二，前輩兩個月前來電，通知三月份有一檔大案子要進行，雖然價錢不高，可是無論如何要幫幫忙，把時間空下來。OK！記在心裡了，因此，三月份的案子通通推開了，前輩的忙，一定得幫。想不到事情一拖拖了一個多月，前輩總說快了……這樣吧……有其他的案子你就先接吧……眼看自己就要缺糧，也只有這樣囉！說巧不巧，剛接了其他案子，這個案子也開始了，基於誠信問題，只有對不起前輩。之後，從別的地方聽到人說自己是個無情無義的人……

雖然拼命安慰自己，前前後後已經做到「仁至義盡」，沒有什麼對不起別人的地方；可是，心中還是不免有些落寞，難道凡事無法面面俱到？

破解：問心無愧即可

要面面俱到，很難。對一個有固定收入的上班族而言，「友情贊助」是比較容易的事，可是對一個自己就是小老闆的美術自由族來說，創業期間的時間就是金錢。雖然可以偶爾犧牲自己的時間或是原則來幫助朋友，或是報恩，但這種幫忙卻是有限度的，因為每個人都要吃飯，不可能餓著肚子還人情。

再說，並不是一句「yes」就萬事OK，「承諾」是需要負責的。有人只有七分把握卻承諾十二分，有人即使有十分把握仍然只做八分。通常前種人的做法是用壓力逼自己成長，後一種人把剩下的兩分留給意外。不過一般美術業界並非純藝術創作，下注的範圍並不大，沒有十足把握還是別拿自己的信用開玩笑。

「忘恩負義」這個詞語的解釋因人、因時、因地有所不同，標準隨時在改變，況且還牽涉到現實的利益，一個人就是再八面玲瓏也很難完全避開。那麼，標準到底在哪裡呢？答案是在自己心中，自問只要做到問心無愧，即使對方的話說得很難聽，也不用太難過；再說，山水有相逢，總有一天會有機會表明心志的。

第五節 沉重的關愛眼神

難題：你在哪裡上班？

對自由工作者來說，這個問題恐怕比原先所想像的麻煩一百倍。不管你在事前做了多少心準備，當實際生活中一天要被問上好幾次：「你到底在哪裡上班？」時，恐怕都會崩潰一遍。尤其對真正「在家工作」而不是「在工作室工作」的人來說，鄰居和親友的眼光是最難以承受的重量。

不管目前「在家工作」的風氣有多普遍，也不管大企業跳票、倒閉的風潮正頻頻傳出，「固定上班」依舊是這個社會工作的主流型態。當然小型創業也被接受，但是是有條件的：諸如開餐飲店、美容坊、服飾店、泡沫紅茶店……等等，凡此種種在「食衣住行」範圍內的行業從古至今比比皆是，一說出口，大人小孩都懂。只要一跳脫「食衣住行」的範圍就麻煩了，尤其美術創業這種介於「藝術與實際」之間的行業更嚴重。每次面對年紀大的長輩，比手畫腳說了半天，他還是不懂為什麼你不上班？在家裡做什麼？一個月能有多少收入？

如果解釋的對象是家中長輩，基

於孝心，總覺得必須盡力說明自己的工作以讓他們放心，偏偏有時候對象是八竿子打不著邊的街坊鄰居，一張張好奇的五官面前晃啊晃，有時解釋到一半，自己都覺得奇怪，幹嘛對不相干的人報告得這麼詳細？

往往在外面意氣風發，回到家裡，面對親友和「熱心」的鄰居，不禁就洩了氣，不懂這社會為什麼總這麼多人對他人事情感興趣？這是不是另一種「八卦」呢？

破解：何必凡事據實以報？

從小我們就被教導要「誠實」。除了少數欺騙成習慣的人，大部分的人面對他人詢問私事時，不然就是禁口不說，只要願意開口，連祖宗八代的資料也不敢報錯，這種心情，到底有沒有必要呢？就像搭計程車的時候，司機隨口問道：「怎麼不用上班啊？」就開始忐忑不安思考該如何回答司機才能聽懂一樣可笑，不過我相信很多人是這樣的。

雖然「應用美術」這一行在社會上已經不是什麼新鮮行業了，不過在長輩的眼中，仍不怎麼能理解；自從資訊產業和美術工作合流之後，就更不容易懂了，試問，如何向從來沒碰過電腦的長輩或鄰居解釋「何謂網頁設計」？

所以，面對這種問題，第一是要強而有力的「心理建設」，堅信一個觀念：「我在哪裡上班需要向別人報備嗎？」因為不需要「報備」，所以鉅細靡遺的回答就更不需要了。不過，老不回答或是回答得尖酸刻薄，諸如：「我在家吃老媽，行不行？」或是「說了你也聽不懂…」或是「這對你來說很重要嗎？」等等，恐怕危及人際關係。不如就用大眾比較能了解的說法來回答：「我在幫人家畫圖」或是「我做的是資訊業，可以在家上班」或是「電腦動畫啊…就像你平常看到的……對對，卡通，差不多……」，如果換來疑問是：「一個月多少錢啊？」就隨便答答：「和上班差不多，有時候更好」。說真的，能解釋多少呢？

其實，最重要的是父母家人的諒解，外人的眼光始終是不重要的。就和我們的心情一樣，大家最關心的，還是自己和自己的家人。別擔心「敷衍」會影響自己的誠實人格，因為有時候別人的疑問不過是源於「好奇」，而「敷衍」的回答也只是一種「淡泊」的心情。

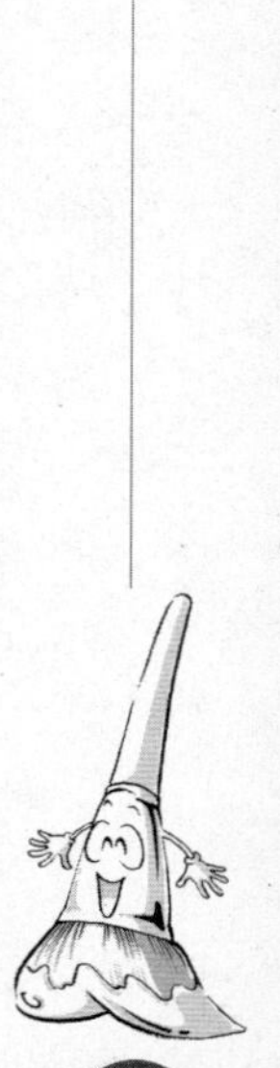

第六節　鎖在抽屜裡的理想

難題：要吃飯，又要快樂，難難難！

曾經有一個畫了幾年漫畫的朋友說：「從小我就愛畫圖，可是真正靠畫圖吃飯之後，發現自己越來越不喜歡畫畫了」。想必，這也是不少美術工作者的心情寫照吧！先撇開品質優劣的問題，喜歡畫畫的孩子，原來只求用畫圖來滿足自己，別人是不是喜歡真的不那麼重要。

可是當「畫圖」成為賺錢工具，「滿足別人」就變得非常重要了，甚至凌駕於「自我滿足」。不管是平面設計也好，電腦動畫也罷，或是美術道具，都逃不開同樣的宿命。

美術自由工作族勢必要比上班族更需要面對這種問題，因為本身就是老闆，必須把工作室的生計放在第一位，因此，外表看來，自由工作族似乎比上班族更容易溝通，更圓融，更不堅持，永遠是笑臉迎人。甚至有人可以宣示，工作和創作是分開來的，滿足客户是一種工作道德。

可是，長久的壓抑終會釀成病態。對很多美術族來說，無法「創作」無異於汽車少添了潤滑油。也許自己的「創作」在他人眼中並不值錢，卻是生命的活水泉源。有時候所謂「理想與現實」的差距並不一定是因為客户的觀念不同，而是受限於案子的類型，對案子沒感覺，所以無法發揮，只有遷就客户的需求，利用技巧彌補創意的不足。

為了生計，這類型的案子源源不絕，一兩年下來，真正滿意的作品卻寥寥無幾，更別說可以拿出來討論的代表作了，怎麼會這樣呢？難道這就是當初拼命要爭取的生活方式？

破解：區分「工作成就感」？「創作成就感」？

沒辦法了，拿了錢，替人做事，要在中間找平衡點，難！

但是有一個辦法可以試試看，那就是想辦法在工作當中獲得成就感。這裡所說的成就感當然不同於小時候沉醉於「畫圖」時的單純快樂，而是和一般工作沒兩樣的成就。

諸如，是不是能將客户交代的工作在期限內完成，而且又快又好（當然是客户說的好）；諸如是不是能夠發揮自己的溝通能力說服客户慢慢讓步；諸如是不是能替客户想到很多技

術上的問題，一一解決；諸如自己的工作成績是不是可以為客户創造更多的利益……等等，就像其他的工作一樣，滿足感來自於能夠專業、快速解決客户的需求，贏得掌聲和感謝。根本來說，有點像是服務業。

至於創作呢？以筆者的偏見認為，創作是完全主觀地揭示內心的想法與世界，就算是現實的產物，表達的也是創作者對現實世界的觀點，因此，很難和商業目的達成妥協。

建議美術自由工作族，就是再忙也要抽出時間為自己做一點事情。「創作」熱度如果不斷被忽略，總有一天會完全冷卻激不起任何火花。所以，當心中有股「做一點什麼」的念頭，趕快把手邊事情放下，去享受「創作」的快樂，也許只是做兩張卡片寄給遠方的友人，都是工作無法取代的成就和快樂。

進入美術SOHO之門

備忘錄

第九章

隨時上緊發條，等待出發

看來，比起固定上班，美術自由工作者雖然比較有自由支配工作和生活的權力，但由於業務、經濟種種困難，也不斷形成挫折，不時打擊原有的意氣風發，使得原來的理想難以伸展。面對種種主客觀障礙，美術工作者學習自立自強，隨時幫自己上緊發條，就更顯得重要啦！

第一節 SOHO族備忘錄

健康一百，事業一百

有一句話：「賺得的錢財是用來享受，不是用來看病的」，看完後先是莞爾，之後則覺得警惕。

有很多因素造成美術工作者習慣熬夜。

有人說是因為靈感，靈感一來往往一發不可收拾，不一口氣做完無法善罷甘休。對於這點，只能希望大家稍微學習控制靈感，讓它在該來的時候來，干擾睡眠的情形少一點。

也有人說是因為前置作業拖延，造成後製工作時間被嚴重壓縮。對於這一點，可能需要大家共同努力，不斷對業者和前置工作夥伴洗腦，灌輸他們「美術工作也需要合理工作時間」的觀念。雖然這是一條頗為漫長的路，但為了改善工作環境，是非常值得努力的。

至於個人的自律功夫太差造成的生活不正常，最好盡快修正。記得一位長輩曾經說過：「宇宙星球的運行有一定方向，白晝黑夜的次序也包含在裡面。日夜顛倒的生活無異於『逆天而行』，損耗的精力將加倍⋯」怎麼

樣？聽起來夠聳動吧?!無論這種說法是真或假，我們都不能否認，清晨的西邊天空透出的第一道光芒，總給人無限溫暖和希望，如果長時間錯過，是很可惜的一件事呢！

總之，健康的身體對任何一個人都是很棒的財富，對經常要承受挫折的美術自由工作族，更是很好的抗壓工具唷！

定期加油，隨時上路

不知道你有沒有過這種經驗，開車常常忽略油表的檢查，或者明知油表數字一直在下降，始終懶得順手加油，任由加油站在路邊一家一家過去。直到油表見底，連預備油都沒了，偏偏慌得沿路找不到加油站，不禁抱怨，不需要的時候滿街都是，真正需要卻一家都找不到！

欸，千萬別抱怨，誰叫平時不懂得保養，懶得定期加油呢？

美術自由工作也是如此，如果沒有定期補充，隨著案子一個個結束，再多的創意，再強的專業能力也會慢慢枯竭。

自由工作的市場競爭十分殘酷，優勝劣敗，只要表現退步，業主隨時可以轉檯換家。要隨時保持良好狀況，就不能忽略平日的加油保養，免得遇到緊急狀況，臨時要加油就來不及了，說不定忽然停在半路上發動不了，那就糗大了！

進入美術SOHO之門 備忘錄

第二節 面對挫折，培養自信

■戴上有色眼鏡看世界

別誤會，這裡的「色」非一般的「色」，是指真正的「彩色」。

即使事前有再多的防備，自由工作過程中所遭遇的挫折依舊是防不勝防，而且，「如人飲水，冷暖自知」。再多的經驗傳承也只能提供解決問題的法則，至於心靈的挫敗，對人情世事的失落感，沒有任何人能幫上忙。

其實，這些挫敗和傷害在當時固然令人十分難受，不過長時間看來，對成長磨練卻是莫大的幫助。所以，能否在利益紛爭當中不失去對人的信任，在挫折當中不忘記原來的目標，將決定自由工作的路途是否順暢。

「戴上有色的眼鏡」，是鼓勵大家用彩色的人生觀觀察社會，比較容易培養強而有力的引擎，來面對種種的不如意。常言正道：「半杯水固然有一半是空的，卻也有一半是滿的」，是不是？

■自己的好壞，自己知道

一個案子進行的順利與否，因素很多，但很多業主習慣將過錯全歸咎於承包商。很多年輕的美術自由工作者往往因此懷疑自己，喪失自信。

「自信」和「自知」是一體兩面，適當的自信建立在正確的自知上。如果沒有自知，被褒揚的時候容易過度膨脹自己，相對地，被批評的時候，也會過度自我貶抑。兩種對人格和自由工作的發展都是一種傷害。

建議在每一個案子結束之後，好好評估自己的工作表現是否得體？是否確實誠懇以待？個人專業是否足以應付？經常性的檢討，可以使自己越來越了解自己，從容面對各種狀況，真正做到「永遠保持最佳狀況」！

進入美術SOHO之門 備忘錄

第十章

告別三點半的約會

即使個人時時保持最佳狀態，「金錢」的處理卻一團混亂，恐怕也不是一件好事。尤其日前多家銀行在財經版宣佈，非固定收入的工作者，被列為貸款的危險族群，十個申請會有九個被打回。這消息更憑添大家的危機意識。然而，人都偶有危急的時候，美術自由工作者應該如何注意自己身邊的現金流轉，避免陷入困境呢？

第一節 美術自由工作者財務處境

最慢拿到錢的那個人

即使是「個人」規模的美術工作室，也不可能靠單打獨鬥把工作完成。為了分色和輸出網片，需要和輸出公司配合；為了讓設計變成最後印刷成品，必須和印刷廠配合；甚至為了打字、影印、設備維修等等瑣碎的工作，個人工作室有太多出錢請別人幫忙的機會。

更別說當工作室規模擴大，必須請助手幫忙而產生必須支付的薪水。

有些錢必須當場或者固定時間支付，例如購買耗材、影印、打字、助手的薪水，有些錢可以等請款之後再行支付，例如印刷費用。不過請款的速度永遠比花錢的速度要慢，往往好不容易領到貨款，口袋也見底了。然而領到的錢又必須把該付的都付了，最後剩下的才是自己的。接著這些「自己的錢」又得負起下個月工作室財務「週轉」的責任。

所以，即使只是工作室的小老闆，處境也和大企業的老闆一樣，為了信譽和事業體的延續，通常都得當那個「最慢拿到錢的人」。如果忘記這

一點，對於即將到手的「金錢數字」過於樂觀，那對日常理財將成一個致命傷。

不確定戶頭什麼時候會有進帳

對於美術自由工作者的新人來說，這固然是一個困擾，但對老鳥而言，又何嘗不是頭痛的事？

理論上如果客源已經固定，應該可以大略推算出固定的業務量，以及一個案子的週轉時間。但是意外往往不斷發生，有時預計兩個月可以完成的案子，卻因為不明因素拖長一倍的時間，戶頭的進帳自然也往後延了。

一般而言，信用良好的公司不至於會倒帳，只不過會晚點兒給錢。雖然遇上這種情形叫人覺得討厭，然而卻是自由工作生涯中的常態。

所以，學習以「不固定」的收入應付日常生活的「固定」支出，是美術自由工作者該有的第二個認識。

生活在沒保障的危機當中

這種話聽起來有點落伍，在這個不安定的年代，企業跳票倒閉風波四起，誰又能給誰保障呢？再說，身為美術工作者，本來就屬於不安定的工作族群，就算乖乖打卡上下班，也很難保證公司會養你到老，然後奉送一筆退休金，又何必刻意標榜自由工作者的危機呢？

話雖如此，還是有不少美術工作者轉行，或者在大企業中找到穩定的位置，努力工作領年終獎金，就算不待到退休，也有一筆為數不小的退職金，有助於中年轉業時穩定軍心。

自由工作者沒有年終獎金，「分紅」「配股」的好處也永遠輪不到。總之眼前的處境是一條看得見今天卻看不到明天收入的路。到底哪兒才有經濟保障呢？雖然「大企業」不一定是個肯定的答案，但是「個人工作室」肯定不是。

人，會衰老，會有病痛，會失去工作能力。年輕的自由工作者，必須趕快從夢想中覺醒，體認到這個事實：理財是一條長遠的路。

第二節 如何避開財務危機

避免信用擴張

身為工作室小老闆，借錢開業或週轉是難免的。然而慣用借錢來解決所有問題，卻容易陷自己於嚴重的財務危機當中。

現在申請個人支票非常容易，支票也成為理財很方便的工具。借錢的時候很容易，開一張遠期支票，一來就是十萬二十萬現金，雖然暫時解決了燃眉之急，彷彿一切都OK了，其實等到還錢的時刻來臨，才知道工作室缺錢事小，後頭可怕的債務才是真正的大怪獸。

習慣用借錢解決問題的人，往往錯估工作室的營業能力，對於日常的開銷也沒有概念，該還錢的時後還不出錢，則以「週轉不靈」為藉口，繼續借貸，甚至不惜付出高額利息；外人也往往被工作室的假象所矇騙，錯估對方的還錢實力。就這樣自己不斷欺騙自己，最後每天借錢跑三點半，利上加利，終於陷入「以債養債」的悲慘局面。

要避免這種下場，一定要對於工作室的階段性收入和支出有清楚算計，才不至於過度擴張信用，也才能進行有效的週轉。

算清楚階段性的支出

之前談到「籌備期」時，曾經提過週轉金的預備，接下來要說的，和週轉金有點關係，但是為了精確計算出階段性的支出，我們可能要開始逐步檢視自己的開銷，下列的表格有助於這個動作。

日常月支出表（當月）	
工作室開銷	
創業貸款	
耗材	
交通費	
電話費	
薪水	
水電費	
稅金	
會計師費用	
工作室租金	
利息支出	
當月應付帳款	
個人開銷	
生活費	
房貸	
育樂費	
社交費	
置裝費	
購買書籍唱片	
家庭開銷	
家族責任	
各項貸款	
生活費	
孩子教育費	
育樂費	
社交費	
當月總預定開銷	
當月總預定進帳	
還款能力	

事實上這個簡單的表格只夠檢視短期的固定開銷，功能在認識自己每一階段有哪些開銷是跑不掉的，有哪些開銷可以縮減，進帳扣去開銷最多剩下多少金額，這麼做除了學習「節流」，最重要是準確預估自己還款能力，不做過度的信用擴張。

除此之外，還需考慮長期的生活規劃，包括進修基金、孩童教育基金、退休基金，以及發生緊急狀況發生的預備金，如意外、病痛、工作淡季等等；至於長期理財及緊急基金預備該如何規劃，建議找能信得過的專業理財及保險人員協助，這裡只能提供原則性的思考方向。

信用良好和穩定的週轉來源是一體兩面。

穩定的週轉來源

既然借款是難免的，與其到處借款，給人不穩定的印象，不如把火力集中在同一個週轉對象。不只借款的人有優劣之分，債主也有好壞的不同。所謂好的債主，條件自然是能穩定提供週轉金、利息低、不提前催款。一般來說，這種對象來自父母、手足可能性最大，不過如果自己平常信用良好，也不乏好朋友或同事願意提供資助。

一個好的週轉對象對個人工作室的穩定成長幫助很大，可以說是強有力的支援。不過，好的週轉對象需要好的信用來培養，只要有借有還，很多「債主」並不在意利息的高低。歸根究底，有多少信用做多少事，千萬別任意擴張信用喔！

進入美術SOHO之門 備忘錄

第三節　幾個簡單的理財方法

跟會

跟會是短期快速取得資金或是快速累積財富的方法。對於自由工作者來說，是非常方便的週轉管道。

除卻少數職業會頭外，多數的「互助會」成員多為親朋好友或鄰居，所以跟會的擔保品不是有價物質，而是無價的人際關係。為了維持個人的社交信用，跟會的過程可以說是強迫儲蓄。

不過，雖然利用跟會理財很方便，但風險卻隨之增大，不管是會頭出問題或者任何一個會腳溜之大吉，都會嚴重影響互助會的所有成員。如果希望事後求償，最好在事前做好防備，如要求會頭列好會單，會腳之間定期問候，確定會首的信用；如果不嫌麻煩，能經過法院公正，則更好！只是「互助會」就算倒會，也很難以刑事責任起訴，除非找到明確的詐欺意圖，否則只能以民事提出告訴。另外，必須評估自己能夠承擔的範圍，否則一旦有閃失，人際關係的信用破產比在金融機構破產要來得嚴重。

跟會有利有弊，不過也有很多避

開風險的技巧，可以多請教朋友和長輩，參考自己的財務狀況，替自己計劃一個好的跟會理財方向。

共同基金

考慮儲備退休金或者孩子未來教育基金時，共同基金是很好的管道。關於共同基金的獲利和操作方法，相信很多書籍和雜誌都有詳盡參考，或者請教專業理財人員也是個好方法。這裡限於篇幅無法有太多著墨，但是要提醒大家，最好不要把基金當成短期獲利的方法，根據筆者週遭朋友的經驗，有人在一開始抱定主意要「長跑」，但卻在中途受不了暫時的獲利誘惑，改變初衷，養成短視的習慣，最後竟然把週轉金拿去購買基金，因為連連虧損，弄得工作室幾乎開不下去。

工作室的生命是很脆弱的，經不起一、二次的財務危機。工作室可以結束，但是結束於財務破洞，則會影響個人在業界的信用，往後的路將更崎嶇。所以，除非個人具有理財的天份，否則建議儘量別走短線；尤其重要的是不要把長期投資的管道當成短期獲利的方法，那很危險！最少以十年為規劃期限，每個月小額定存的方式購買基金最為保險。

保險

對於缺乏經濟保障的自由工作者來說，保險向來就是漫長人生中重要的救急角色。而今，在保險公司針對消費者需求不斷彈性調整保單之後，保單甚至具有理財功能。

隨著保費金額的累積，保單可視為有效的擔保品，可以向銀行貸款一定金額，只要定期還款，不但能維持原來的保險功能，對於自由工作者而言，也多了一個週轉管道。

不過用保單借款要注意額度，以及保持還款的動作，避免捧著現金得意忘形，仗勢著有保單為擔保品而怠於還錢，到時不但保單被取消喪失終身保障，利息一算，也划不來，之前的心血可就白費了！

根據個人情況不同，有不同的理財組合，對美術自由工作族來說，最重要的是認清自己的需求，把短期、中期、長期的目標都考慮完全，以建立一套專屬於自己的理財哲學！

進入美術SOHO之門

備忘錄

第十一章

享受無後顧之憂的自由工作生涯

親愛的朋友，在建立一套自己的理財哲學，及在心理、生理、財務狀況都良好的情況下，請隨時保持這種狀態，盡情地享受自由工作的樂趣吧！不過在這之前，讓我們再一次檢視是否還有忽略的角落！

是否還有未了的債務呢？

這個問題很重要，前債未清，再借不易。不管債主是親朋好友或是金融機構，情形都不會改變。如果這些債務是在之前所累積，與工作室的週轉無關，將會加重工作室的負擔，讓人做起事來綁手綁腳，如不能有效解決，會變成工作室成長的負面因素。

如果是這樣，建議不要擴張工作室規模，把開銷和風險降到最低，利用最簡單的設備賺到最多的錢，還清前債後，再進行擴張計劃，以使自己的財務無後顧之憂。

家人的生活是否毫無困難？

這個問題很重要，自己可以餓肚子，卻不能讓家人跟著餓肚子，尤其不能讓孩子餓肚子，讓伴侶和父母因為自己而餓肚子，這是責任。

家人的責任是永遠無法脫離的甜蜜負荷，即使在自己要展翅高飛的時候，還是不免記掛在心。如果家人的經濟實力不強，缺不了自己這一份穩定收入，建議準備一筆足夠的週轉金，把家人的生活先安頓好。少了一層擔心，使自己在家庭責任上無後顧之憂。

家人是否可以體諒？

這個問題很重要。即使家人的經濟能力不需要擔心，甚至有餘力協助自己的發展，可是若家人不能認同這條路，那麼走起來也是倍感艱辛。

根據觀念的不同，取得家人諒解難易不定，對某些保守固執的家庭來說，甚至是一條漫長的路。但是，在多方萬全的籌備下，追求夢想是值得鼓勵的事，就算是再困難也要嘗試。除非家計真的很困難，一般來說，只要堅持下去，最後終會取得家人的讓步。

不過，先斬後奏不是一個好方式，建議不時解釋自己的做法，慢慢軟化家人態度，讓自己在家人的支持下，沒有後顧之憂！

有丟不去的藥包嗎？

這個問題很重要。儘管我們提倡健康的自由工作生活，偶爾仍不免要熬夜趕工，這是美術工作者的宿命，這時候身體的健康本錢是決一勝負的重要關鍵。

身體有任何不適，不管是大病小病，或者是屬於情緒上的精神官能症，都會影響工作室的營運。和固定上下班的員工比起來，小老闆的請假權利更有限，因為請假後並沒有職務代理人可以代替協助工作。

如果現在櫃子裡仍有丟不去的大小藥包，在該卯起來衝刺時，往往顧忌孱弱的身體而作罷。建議專心把病養好，早日拋棄這些藥包，享受健康無後顧之憂的自由工作生涯！

來，檢查心靈、生理、涵靜的每一個角落……準備好了嗎？歡迎你的加入！

進入美術SOHO之門

備忘錄

進入美術SOHO之門 備忘錄

《發現大師系列－印象花園》是我們精心為讀者企劃製作的禮物書，它結合了大師的經典名作與傳世不朽的雋永短詩，更提供您一些可隨筆留下感想的筆記頁，無論是私人珍藏或是贈給您最思念的人，相信都是最佳的選擇。

梵谷
Vicent van Gogh

「難道我一無是處，一無所成嗎？……我要再拿起畫筆。這刻起，每件事都為我改變了…」孤獨的靈魂，渴望你的走進…

■售價：160元

莫內
Claude Monet

雷諾瓦曾說：「沒有莫內，我們都會放棄的。」究竟支持他的信念是什麼呢？

■售價：160元

高更
Paul Gauguin

「只要有理由驕傲，儘管驕傲，丟掉一切虛飾，虛偽只屬於普通人…」自我放逐不是浪漫的情懷，是一顆堅強靈魂的奮鬥。

■售價：160元

全球狂賣超過3,000,000本。持續增加中！

皇室的傲慢與偏見——黛安娜的生與死

■售價：360元（25開，另贈CD）

這是唯一由黛安娜生前口述的歷史見證，道出她一生受挫於皇室的傲慢與偏見中。當她踏入古老的皇室系統中時，就註定了要被童話故事的美麗外衣所籠罩，公眾所看到的微笑與美麗背後，其實隱藏著一顆寂寞的心。她受錮於皇室的種種制度與教條，被無情淡漠的皇室人情所冷落，更屈身於社會大眾假想的幸福婚姻。所以，她必須一再地犧牲自己的角色與野心，而存在於皇室的傲慢與群眾的偏見之中。

她的婚姻與愛情，始終是群眾追逐著想知道的焦點，同時也都給予不同的評價。但她不甘心就此虛度人生，所以，秉著她勇敢堅強的個性；憑著她善良慈悲的心性，毅然地走出陰影投身公益，獲得人民的愛戴與推崇。

■售價：199元
（32開，彩圖精裝摘錄本附CD）

這本書之所以感人，就在於我們能深入黛安娜的一生，看她是如何的掙扎，如何從封閉守舊的皇室中走出來，如何用她的心在愛人與愛這個世界，最後又如何為自己找到生命意義的過程。

她是個活在鎂光燈下的女人。雖然，最後的美麗仍是葬送在這個閃耀的舞台，但對於她的一生而言，卻留下了值得讚頌的永恆價值。

現代灰姑娘——黛安娜傳奇性的一生
首度公開十二個影響她生與死的驚人事件
首次曝光二十八幀她成長過程的珍藏照片

請沿虛線剪下，對折裝訂後寄回

北區郵政管理局
登記証北台字第9125號
免 貼 郵 票

大都會文化事業有限公司
讀者服務部　收

110 台北市基隆路一段432號4樓之9

寄回這張服務卡(免貼郵票)
您可以
◎ 不定期收到最新出版訊息
◎ 參加各項回饋優惠活動

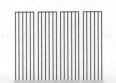

請沿虛線剪下，對折裝訂後寄回

大旗出版．大都會文化　　讀者服務卡

書號：CM003　**美術工作者　設計生涯轉轉彎**

謝謝您選擇了這本書，我們真的很珍惜這樣奇妙的緣份。期待您的參與，讓我們有更多聯繫與互動的機會。

讀者資料

姓名：＿＿＿＿＿＿＿＿＿＿＿＿＿＿ 性別：□男　□女

身份證字號：＿＿＿＿＿＿＿＿＿＿＿ 生日：　年　月　日

學歷：□國中　□高中職　□大專　□大學（或以上）

通訊地址：＿＿＿＿＿＿＿＿＿＿＿＿＿＿＿＿＿＿＿＿＿

電話：（H）＿＿＿＿＿＿＿＿＿ (O)＿＿＿＿＿＿＿＿＿＿

※ 您是我們的知音。所以，往後您直接向本公司訂購（含新書）可享八折優惠。

1.您在何時購得本書：　　年　　月　　日

2.您在何處購得本書：

□書展　□郵購　□書店　□書報攤　□便利商店　□量販店　□其他＿＿＿＿＿＿。

3.您從哪裡得知本書（可複選）：

□書店　□廣告　□朋友介紹　□書評推薦　□書籤宣傳品等

4.您喜歡本書的（可複選）：

□內容題材　□字體大小　□翻譯文筆　□封面設計　□價格合理

5.您希望我們為您出版哪類書籍（可複選）：

□旅遊　□科幻　□推理　□史哲類　□傳記　□藝術　□音樂　□財經企管　□電影小說　□散文小說　□生活休閒　□其 他

6.您的建議：＿＿＿＿＿＿＿＿＿＿＿＿＿＿＿＿＿＿＿＿＿＿

＿＿＿＿＿＿＿＿＿＿＿＿＿＿＿＿＿＿＿＿＿＿＿＿＿＿＿

＿＿＿＿＿＿＿＿＿＿＿＿＿＿＿＿＿＿＿＿＿＿＿＿＿＿＿

美術工作者　設計生涯轉轉彎

作　　者：范寶蓮
發 行 人：林敬彬
企劃主編：丁　奕
執行編輯：簡玉書
美術編輯：張美清
封面設計：張美清

出　　版：大旗出版社　　局版北市業字第1688號
發　　行：大都會文化事業有限公司
台北市基隆路一段432號4樓之9
電話：02-27235216　傳真：02-27235220
e-mail ：metro@ms21.hinet.net
郵政劃撥：14050529　大都會文化事業有限公司
出版日期：1999年6月初版第1刷
定　　價：200元

ISBN：957-8219-04-0
書號：CM003

國家圖書館出版品預行編目資料

美術工作者設計生涯轉轉彎／范寶蓮作.
初版 -- 臺北市；大旗出版；大都會文化發行,
1999〔民88〕
面；公分——（工作叢書系列；3）

ISBN 957-8219-04-0（平裝）

1. 職業

542. 7 88004081

大旗出版
BANNER PUBLISHING

大都會文化
METROPOLITAN CULTURE

大旗出版
BANNER PUBLISHING

大都會文化
METROPOLITAN CULTURE

大旗出版
BANNER PUBLISHING

大都會文化
METROPOLITAN CULTURE